Marcel Pretzel

Gesundheit bedeutet Freiheit

Optimale Ernährung steht für fundamentale Gesundheit und Freiheit

tredition

Inhalt

1 Einleitung

Immer mehr Menschen interessieren sich heutzutage für die eigene Gesundheit. Gerade in den letzten Jahren stieg der Gesundheitsstatus in der Gesamtbevölkerung um ein vielfaches, welches in diesem Hinblick als durchaus positiv zu bewerten gilt. Gesundheit ist das höchste Gut eines jeden Menschen, doch bei aller Euphorie und dem Willen eines jeden, gibt es dennoch eine Vielzahl von Theoretikern. Über Gesundheit sollte nicht nur geredet, sondern in kleinen Schritten mit dem eigenen Rhythmus geschickt in die Praxis umgesetzt werden.

Bevor ich mich dem eigentlichen Buchthema zuwende, welches sich u.a. mit fachlichen und wissenschaftlich geprüften Informationen auseinandersetzt, möchte ich zuvor einen kurzen Einblick meiner damaligen Lebenssituation beschreiben, die im Wesentlichen eng mit dem Thema verbunden ist.
Jeder weiß wovon ich spreche, sobald es um die Erfahrungen und die Prioritätenfindung im Jugendalter geht. Gesundheit steht nicht gerade im oberen Mittelfeld, was die wirklich wichtigen Dinge im Leben betrifft. Ich hatte das Glück meine Kinder- und Jugendtage in voller Gesundheit, Fröhlichkeit - mit allen Glücksmomenten sowie allen Freiheiten zu genießen.
Als ich damals vom Kindergarten abgeholt wurde, aß ich nicht selten bei meinen Großeltern zu Mittag.

Immer wenn die Oma am Herd stand, konnte ich meine kleinen Hände nicht still halten und musste alles anfassen, erfragen und war von den Kochkünsten der Oma begeistert. Gewürze und Salzstreuer wurden dann auch schon mal gerne über das Mittelmaß hinaus eingesetzt. Die grüne Wand war mit Milch und Quark verziert, Die Deckenleuchte bekam zur Abwechslung Besuch von Teigwaren aller Art und der Herd selbst war regelmäßig durch übermotiviertes mehrmaliges überkochen verkrustet - außer Herdbrand war alles dabei. Doch alles hat im Leben auch seinen Anfang – frei nach dem Motto „Früh übt sich, wer ein Meister werden will“.

Von dieser Begeisterung, leckere Lebensmittel zu verarbeiten/zuzubereiten, ließ ich in all den zurückblickenden Kindertagen nicht ab. Mit dem 16. Lebensjahr begann ich meine Ausbildung als Koch – ich war von Stolz erfüllt und konnte endlich mein Hobby eine beruflich anerkannte Perspektive geben. Die Jahre vergingen, bis sich das Ansehen und die wirtschaftliche Situation gegenüber dem Beruf Koch schleichend negativ veränderte. Die Lebensumstände eines Kochs sind offen gesagt nicht die Besten. Irgendwann gelangt jeder an einem Punkt, an dem man seine eigenen Prioritäten neu hinterfragen muss. Es kam der Tag, an dem ich die Kochschürze aus tiefstem Entschluss an den imaginären Nagel hing und somit dem eigentlich schönen Beruf den Rücken kehrte.

Damit war der Grundstein für einen gesünderen Lebensstil gelegt. Schnell waren Verbesserungen in meinem Alltag zu spüren. Ich konnte innehalten und reflektieren. Schon lange waren die Gedanken nicht mehr so frei wie zu diesem Zeitpunkt. Der sogenannte Schleier, der sich über all die Jahre über meinen Kopf mit allen bis dato entstandenen Lebensgewohnheiten befand, war fortan der Vergangenheit zugesprochen. Er war der Auslöser dafür, weswegen es mir psychisch sowie physisch immer schlechter erging.

Mein neuer Lebensstil war geboren und somit wurden die ersten massiven Störfaktoren beseitigt, die mich als Koch begleiteten. Mit großem Ehrgeiz, Willen und klarem Verstand wurden die letzten Zigaretten eingestampft. Zudem konsumierte ich fortan keinen Alkohol mehr. Natürlich galt es auf dem Weg der Gesundheit und Freiheit noch mehr zu beseitigen um neues zu erschaffen, was ich zielstrebig mit Freude weiterhin tat. Mein Leben bekam den richtigen „Drive“. Der lang ersehnte Umbruch war gelungen.

Ein paar Monate nach der selbst gewonnenen Freiheit bekam ich fragwürdige physische gesundheitliche Probleme. Meine Bewegungsfreiheit war anfänglich leicht, später dann so sehr eingeschränkt, dass ich kein Auto mehr fahren und die Treppe ohne Geländer nicht benutzen konnte. Der Darm und die Blasenfunktion waren ebenso angegriffen. 200 Meter zu Fuß gehen stellten mich vor eine große Herausforderung. Die

Toilette und das Haus meiner Eltern waren von nun an meine einzige Sicherheit, Rückzugsort und die ersehnte Hoffnung auf baldige Ergebnisse der unzähligen Arztbesuche.

Nach einem dreiviertel Jahr und gefühlt 100 verschiedenen Ärzten, teilte mir ein Facharzt (Spezialist der Neurologie-/Chirurgie) die Diagnose Multiple Sklerose mit. Von da an war mir klar, dass sich mein Leben erneut und ungewollt in eine Richtung bewegt, die sich im Grunde nicht mehr ändern lässt. Was daraufhin folgte, beschreibe ich zu einem späteren Zeitpunkt. Nur so viel sei gesagt: Seit mittlerweile mehr als 2 Jahren beschäftige ich mich nun ausgiebig, ja fast schon rund um die Uhr mit der ganzheitlichen Gesundheit, Medizin und natürlich auch verstärkt mit der Ernährung. Das Fernstudium als diplomierter Ernährungstrainer kam mir gerade recht und war nicht dem Zufall zugeschrieben.

In meinem Buch setze ich den Schwerpunkt auf die Ernährung, die maßgeblich einer der bedeutsamsten Faktoren für physische sowie psychische Gesundheit darstellt.

Hierzu spreche ich u.a. einige Hypothesenbeispiele an, wie sie in heutigen sozialen Netzwerken häufig zu finden sind:

- „Wenn eine unausgewogene Ernährungsweise ein Auslöser für chronische Krankheiten darstellt, dann ist die bisherige nachgewiesene Datenlage eng aufgestellt."
- „Je höher die Kohlenhydratzufuhr, umso höher die Lebenserwartung."
- „Hochkalorische Lebensmittel sind der Auslöser für Zivilisationskrankheiten."
- „Gibt es zielgerichtete Wege um Gesundheit aufrechtzuerhalten, wiederzuerlangen oder in einem gesunden Maß weiter aufrecht zu erhalten?"
- „BIO-Lebensmittel weisen keinen höheren Gesundheitswert auf" –
- „Hohe Pflanzenschutzmittelrückstände in Biolebensmittel gefunden".

Die meisten Erkrankungen/Krankheiten und die daraus resultierenden Entzündungen im Körper sind nicht von natürlicher Ursache bestimmt. Ich zeige auf, was hochkalorische Lebensmittel in unserem Körper anrichten und spreche darüber, warum wir Menschen überhaupt Nahrung benötigen.

Lösungen sowie Tipps für gesundheitsbewusste Esser: Woher bekomme ich frische Lebensmittel ohne zugesetzte Schadstoffe? Was sollte der Verbraucher über Ernährungsprävention wissen? Im Kapitel ***„Weiterführende Prävention im Erwachsenenalter - Aktuelle wissenschaftliche Empfehlungen für eine ausgewogene und gesunde Ernährung"*** werden diesbezüglich etwaige Fragen beantwortet und beschreibt gleichermaßen, auf welche ernährungsphysiologischen Maßnahmen geachtet werden sollte.

Ein noch junges Modell in der gesundheitsbewussten Ernährung stellt die Intuitive Ernährung dar. Ich werde diese näher beleuchten und mit allen anderen Teilthemen eine wissenschaftliche fundierte Zusammenfassung erstellen.
In meinem Buch gehe ich auf die genauere Darlegung von Gesundheit und Freiheit ein. Hierzu wurden zahlreiche aktuelle sowie wissenschaftliche Datenmaterialien rundum die Ernährung für die einzelnen Kapitel zusammengetragen und mit eigenen Gedankengängen ergänzt.

Das fassettenreiche Sachbuch soll am Ende des Tages jeden Leser gedanklich dazu anregen, welche gesundheitliche Richtung ein dauerhafter Junk Food- und überhöhter Fleischkonsum einschlagen kann.
Das Ziel sollte es sein: Das eigene Bewusstsein wieder neu entdecken. Nur mit unserem bewussten Handeln, können wir das zukünftige Essverhalten zielrichtet so schulen, sodass jeder die gesetzten Gedanken mit dem eigenen Rhythmus gut in die Praxis umsetzen kann, um etwaige Krankheiten vorzubeugen.

Die Ernährungspsychologie spielt dahingehend eine nicht ganz unwichtige Rolle. Doch was hat die

Psychologie mit dem Essen zu tun? Ernährungspsychologie ist ein wissenschaftliches Fachgebiet, das Ernährungswissenschaft und Psychologie verbindet. Sinnvolle Informationen über Ernährungspsychologie sollen jeden geistig da abholen, wo die eigentliche Essentscheidung anfängt. Psychologie ist ein Teil des Ernährungstrainings – beide gehören dennoch unweigerlich zusammen. Diese aufschlussreichende Auskunft, genauso die Funktionsweise, gilt es jeden Menschen fachgerecht und leicht verständlich zu vermitteln.

Über das vielschichtige Buch, wünsche und erhoffe ich mir für jeden Leser ein klares Bild über die psychische sowie physische Gesundheit, aber auch über die Gesundheit per se erschaffen zu können. Zivilisationskrankheiten können durch Präventiv-Ernährung vorgebeugt und nachhaltig den Kampf angesagt werden.
Das Fundament der wissenschaftlichen Informationen, weist ausschließlich auf theoretische Grundlagen einer präventiven Ernährung hin. Durch das von mir vorgestellte Informationsmaterial, kann eine Grundvoraussetzung für ganzheitliche Gesunderhaltung sichergestellt und bequem in die Praxis umgesetzt werden. Eigene Gedankenmuster hinterfragen, neu entwickeln und gleichzeitig schrittweise zu handeln. Das sollte die Aufgabe eines jeden sein, der sich vollwertig,- ausgewogen,- gesundheitsbewusst, qualitativ hochwertig und somit nachhaltig ernähren

möchte. Mit der Hilfe einer optimalen gesunden Ernährung, lässt sich das Leben langfristig frei von ernährungsassoziierten Erkrankungen gesund gestalten.

Der Titel meines Buches entstand nicht aus einer x-beliebigen Idee ohne Sinn und Verstand.
„**Gesundheit bedeutet Freiheit**“ drei Worte, ein Statement - die jeden gleichermaßen betreffen. Emotionale Worte, welche zu richtige Denkanstöße der Eigenwahrnehmung hinsichtlich der Selbstverständlichkeit, die jene Gesundheit betrifft sensibilisieren soll. Ganzheitliche Gesundheit ist keine Selbstverständlichkeit.
Ohne physische und psychische Gesundheit kann Freiheit nicht erlebt und ausgelebt werden.

2 Gesundheit

Gesundheit ist eine fundamentale Grundlage für ein positives Erleben, das Leben per se und unser aller Wohlergehen. Im Optimalfall schenkt die Natur dem Menschen am Anfang seines Lebens vollkommende Gesundheit. Eine ausgezeichnete Voraussetzung dafür, um sich zukünftig zu einem gesunden Erwachsenen entwickeln zu können.

Gesundheit ist ein in kultureller und historischer Hinsicht vielschichtiger Begriff. Je nach wissenschaftlicher Disziplin wird er unterschiedlich verstanden, und auch der subjektive Gesundheitsbegriff jedes Einzelnen variiert stark, z. B. abhängig von Alter, Geschlecht, Bildung und kulturellem Hintergrund.

Weitere multifakturelle Indikatoren sind an ganzheitliche Gesundheit gebunden:

- Gesunde Ernährung
- Ganzheitliche Bewegung
- Sport
- ausreichend Schlaf
- ausgeglichene Psyche
- Soziales Umfeld
- Freizeit

Leider ist es so, die Erfahrung beweist es, dass sich die meisten Menschen erst Gedanken über die Gesundheit machen, wenn sie auf dem besten Wege sind sie zu verlieren. Die ersten Anzeichen für eine Erkrankung werden willentlich übersehen um sich dann bei der unweigerlich darauffolgenden Krise schnellstens in die Obhut und Verantwortung einer medizinischen Person (Arzt) zu begeben, in der Hoffnung, dass diese die Probleme lösen wird. Dabei ist es wichtig Krankheitssymptome nicht als etwas zu „bekämpfendes" anzusehen, vor allem nicht zu ignorieren, sondern als eine Botschaft des Körpers, dass die körperliche Ordnung aus dem Gleichgewicht zu geraten droht.

Hippokrates (griechischer Arzt, geb. 460 v.Chr.) forderte eine gesundheitsmäßige Lebensführung und Vorbeugung. Die ersten Anzeichen einer Krankheit müssten erkannt werden, um sie im Keime zu ersticken.
„Führe ein gesundes Leben, und du wirst kaum erkranken, es sei denn durch einen Unfall oder durch eine Epidemie. Wirst du krank, so gewährt dir die richtige Diät die beste Möglichkeit wieder gesund zu werden"

Explikation Gesundheit

Die wohl bekannteste Definition von Gesundheit wurde durch die Weltgesundheitsorganisation (WHO) beschrieben:
„Gesundheit ist ein Zustand vollkommenen körperlichen, geistigen und sozialen Wohlbefindens und nicht allein das Fehlen von Krankheit und Gebrechen."

„Den Zustand des Wohlbefindens einer Person, der dann gegeben ist, wenn diese Person sich psychisch und sozial im Einklang mit den Möglichkeiten und Zielvorstellungen und den jeweils gegebenen äußeren Lebensbedingungen befindet". Gesundheit ist demnach das Stadium des Gleichgewichtes von Risikofaktoren und Schutzfaktoren, das eintritt, wenn einem Menschen eine Bewältigung sowohl der inneren (körperlichen und psychischen) als auch äußeren (sozialen und materiellen) Anforderungen gelingt; sie vermittelt einem Menschen Wohlbefinden und Lebensfreude.
Desweiteren: „Gesundheit kann sich auf den einzelnen Menschen beziehen, und als Zustand des körperlichen wie geistigen Wohlbefindens, oder der physischen und psychischen Funktions- und Leistungsfähigkeit begriffen werden". Gesundheit kann auch als Gegenbegriff zu Krankheit gefasst werden, und beschreibt dann den wünschenswerten „Normal"-Zustand (als normatives Konzept) als Abwesenheit von

Krankheit. Gesundheit kann auch auf ein Kollektiv, z. B. die Bevölkerung, bezogen werden, und beschreibt dann das Ausmaß einer geringen Krankheitslast in einer Population.

(...) Gesundheit ist (...) abhängig von biologischen, psychischen und sozialen Faktoren. Außerdem ist sie nicht selbsterhaltend, sondern wir müssen dafür aktiv etwas tun.

Aaron Antonovsky hat mit seinem Salutogenese-Modell eine weitere interessante Sichtweise: Gesundheit und Krankheit lassen sich nicht klar trennen.

Viel mehr befinden wir uns auf einem Gesundheits-Krankheits-Kontinuum, auf dem wir ständig die Position wechseln. Wir sind also weder ganz gesund noch krank, sondern mal mehr näher am Endpunkt Gesundheit oder eben weiter davon entfernt. Wo wir uns gerade befinden, hängt von biologischen, psychologischen, sozialen oder ökologischen Faktoren, die auf uns einwirken, ab. Außerdem verfügen wir über Schutz- und Risikofaktoren, die die auf uns einwirkenden Faktoren mindern oder verstärken können

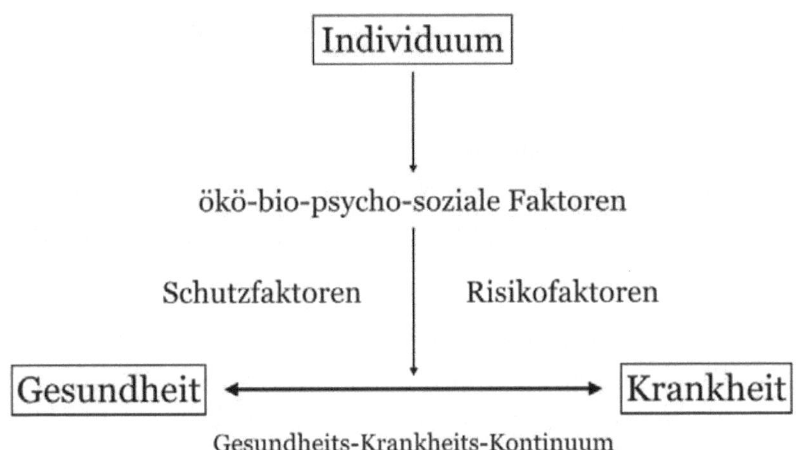

Wie wir auf bestimmte äußere Einflussfaktoren reagieren, wird teilweise stark durch Schutz- und Risikofaktoren bestimmt (siehe Abb. 1). Schutzfaktoren mindern nicht nur die negativen Wirkungen von Risiken, sondern haben auch einen direkten Einfluss auf das Wohlbefinden des Individuums. Risikofaktoren wirken genau umgekehrt und haben einen negativen Einfluss auf das Individuum. Wir sollten also möglichst versuchen, den Einfluss von Schutzfaktoren zu stärken und Risikofaktoren so gut wie möglich zu reduzieren.

Viele der Faktoren sind jedoch nicht in unserem direkten Einflussbereich.

Schutzfaktoren:

Überdurchschnittliche Intelligenz • Positive Selbstwahrnehmung • Emotionale Unterstützung • Gesunde Ernährung • Regelmäßig Bewegung/Sport

Risikofaktoren:

Rauchen • Übergewicht • Bewegungsmangel • Ungesunde Ernährung • Niedriges Bildungsniveau der Eltern • Stress

„Der Mensch. Er opfert seine Gesundheit um Geld zu verdienen. Wenn er es hat, opfert er es, um seine Gesundheit zurückzuerlangen. Und er ist so auf die Zukunft fixiert, dass er die Gegenwart nicht genießt. Das Ergebnis ist, dass er weder die Gegenwart, noch die Zukunft lebt. Er lebt, als würde er nie sterben und schließlich stirbt er ohne jemals richtig gelebt zu haben" – **Dalai Lama**

Definition Freiheit

1. Zustand, in dem jemand frei von bestimmten persönlichen oder gesellschaftlichen, als Zwang oder Last empfundenen Bindungen oder Verpflichtungen, unabhängig ist und sich in seinen Entscheidungen o. Ä. nicht eingeschränkt fühlt
"die politische Freiheit"

2. Möglichkeit, sich frei und ungehindert zu bewegen

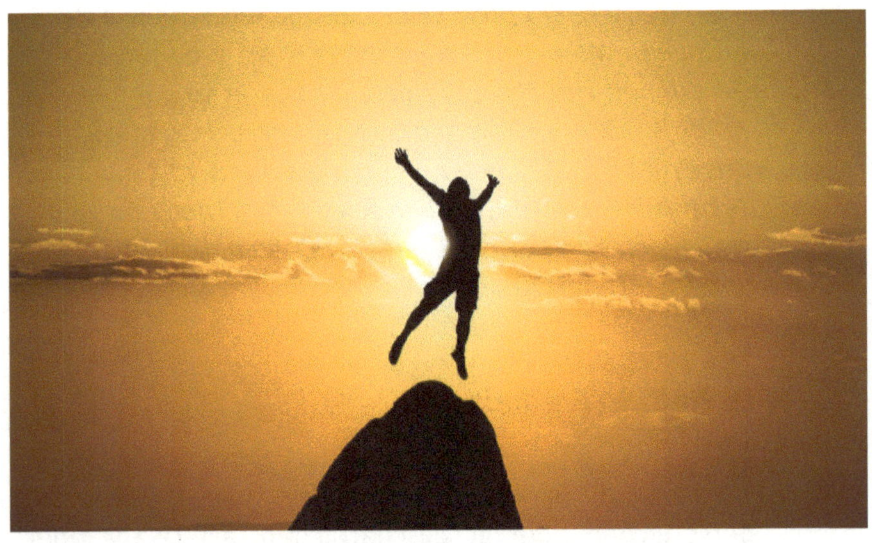

„Aus der Sicht der physischen Freiheit, bleibt **das** ***Wissen die beste Medizin“.***

3 Der Zusammenhang zwischen physischer Gesundheit zur Freiheit?

Gesundheit und Freiheit sind eigens kraftvolle und emotionale Volksthemen mit einer hohen Bedeutsamkeit in unserer Gesellschaft. Wobei die Popularität der gesundheitsspezifischen Interessen erst vor kurzem in seiner Wichtigkeit rasant gestiegen ist. Beide haben mehr miteinander zu tun als es im ersten Moment scheint. Sie werden beide gleichermaßen gelebt und geliebt. Der Mensch wünscht sich ganzheitliche Gesundheit - nur mit ihr kann Freiheit in der Gesamtstruktur wahrgenommen und auch ausgelebt werden.

Derzeitiger Wunsch nach Gesundheit findet zunehmenden Anklang bei der Bevölkerung und dennoch gibt es immer noch viele Menschen, die ihrer Gesundheit nicht bewusst sind. Ganz offensichtlich wissen manche es trotz ausreichender Medienpräsenz (Sozial Media, TV, Zeitschriften, Bücher...) nicht zu schätzen und leben auf Kosten ihrer eigenen Gesundheit.

Hinsichtlich der umfassenden Definitionen, die jedes der beiden elementaren Themen mit sich trägt, wurden bis hier hin nur einige wenige, dennoch durchaus aussagekräftige Beschreibungen und Zitate schriftlich erwähnt.

Da sich mein Buch ausschließlich auf die physische Gesundheit - dem Bewegungsapparat des Menschen konzentriert, ist es mir ein Bedürfnis bzw. ein großes Anliegen im nachfolgenden konkret auf die Ernährungsprävention einzugehen. Um Gesunderhaltung zu fördern braucht es präventive Maßnahmen. Ganzheitliche Gesundheit im Sinne der Vorsorge statt Krankheit durch unausgewogene Ernährung.

Krankheit schafft Behinderungen aller Art. Einschränkungen durch Krankheit kann die erlebte Freiheit auf Dauer stark gefährden. Erkrankungen in unterschiedlichster Art und Weise sind der absteigende Ast von Freiheit eines jeden Individuums. Daher wird es schwer vorherige erfahrene Gesundheit sowie in gleichem Maße Freiheit wieder zurück zu gewinnen. Gesundheit ist wertvoll und sollte für jeden einzelnen Menschen bewusst wahrgenommen und durch stetige Reflektion sensibilisiert werden.

4 Warum essen Menschen und was macht es mit dem Körper?

Ohne Nahrung würde der Mensch innerhalb weniger Wochen verhungern. Aus dem Essen erschließt sich der Körper alle Nährstoffe die er zum Überleben braucht. Dabei arbeitet er wie ein Kraftwerk und verbrennt die Stoffe, sodass sie ihm Energie liefern. Und die Stoffe braucht er ständig, unabhängig davon, ob der Mensch gerade ruht oder schwer arbeitet.

Etwa die Hälfte der Energie, die der Körper aus der Nahrung gewinnt, wandelt er in Wärme um. Einen Bruchteil verbraucht er bei den Ausscheidungen und um tote Körperzellen abzustoßen, einen anderen Teil benötigt er für die Verdauung selbst. Den Rest, das sind etwa 40 Prozent, nutzt er zum Beispiel für Herz, Atmung und körperliche Aktivitäten oder er speichert ihn. Zudem dienen ihm die aufgenommenen Nährstoffe als Bausteine für seine Zellen.

Nährstoffe - Essentielle Bausteine für die Gesundheit

Fast alle Menschen sind heute in unserem Bereich gleichzeitig über-, unter- und fehlernährt. Wir haben zu viel vom Falschen, den Kalorien, die wir mangels körperlicher Anstrengung nicht brauchen. Zu wenig vom Richtigen - den Vitaminen, Mineralstoffen und Enzymen. Das was wir essen ist zumeist verarbeitet, konserviert und damit unnatürlich. Vor allem aber ist es nicht mehr frisch. Mit jedem Essen nehmen Sie eine starke Medizin zu sich, die in den nächsten vier bis sechs Stunden eine gute, schlechte oder neutrale Wirkung auf Ihren Körper und Ihre Stimmung haben wird. Ihre Nahrung sollte daher möglichst frisch und natürlich sein.

Die Nahrungsinhaltstoffe sind notwendig, um alle Strukturen des Körpers (Muskeln, Gewebe, Organe etc.) mit dem zu versorgen was sie brauchen, und um verschiedenste Prozesse ablaufen zu lassen. Bestimmte Stoffe gelten als essenzielle (lebensnotwendig) Nahrungsbestandteile. Sie sind für den Körper besonders wichtig, da sie nicht selbst gebildet werden können, sondern mit der Nahrung zugeführt werden müssen (z.B. bestimmte Vitamine, Fettsäuren und Aminosäuren).

Im Körper finden laufend Auf-, Ab- und Umbauprozesse statt. Für diese Vorgänge und die damit im Zusammenhang stehenden Funktionen (wie Wachstum, Erhalt der Körpertemperatur, Atmung oder Muskelarbeit) benötigt der Körper Energie. Diese wird durch den Abbau bestimmter Nährstoffe (Kohlenhydrate, Fette, Eiweiß) bereitgestellt.

Nährstoffe wie Kohlenhydrate, Eiweiße, Fette, Vitamine, Mineralstoffe und Wasser haben im Körper viele unterschiedliche Funktionen. Sie versorgen den Körper jeden Tag mit lebenswichtigen Substanzen, liefern Energie und halten im Idealfall gesund und fit.

Ist die Nahrung „optimal", versorgt sie den Körper mit allen Nährstoffen in der nötigen Menge die der Körper braucht, um abgebaute und ausgeschiedene Stoffe auszugleichen.

Kohlenhydrate – aktuelle wissenschaftliche Studienergebnisse zur Lebenserwartung

Kohlenhydrate gehören neben Fett und Eiweiß zu den sogenannten Makronährstoffen. Das bedeutet, dass sie die Hauptenergielieferanten sind, aus denen der menschliche Körper Energie gewinnen kann. Alle drei Makronährstoffe sind essenzieller Bestandteil einer ausgewogenen Ernährung, da unser Körper auf sie angewiesen ist. Makronährstoffe kann der Organismus von Natur aus nicht selbst herstellen, sie müssen ihm durch die tägliche Nahrung zugeführt werden.

Kohlenhydrate nimmt der Mensch über pflanzliche Lebensmittel auf. In der Pflanze dienen sie als Stütz- und Gerüstsubstanz, aber auch als Energiespeicher. Da das menschliche Gehirn und die roten Blutkörperchen nur durch Kohlenhydrate mit ausreichend Energie versorgt werden können, sollte unsere Nahrung zu einem großen Teil daraus bestehen. Die Nahrung sollte ausschließlich aus komplexen Kohlenhydraten bestehen wie sie in Vollkorn/-Vollprodukte, Gemüse, Obst, Hülsenfrüchte und Kartoffeln stecken, da sie durch ihre Ballaststoffe lange satt halten und zudem

Vitamine, Mineralstoffe und sekundäre Pflanzenstoffe enthalten. Diese Lebensmittel besitzen zudem durch ihr großes Volumen einen hohen Sättigungswert und enthalten eine erhebliche Menge an Bioaktive Substanzen wie Vitamine, eine Vielzahl an Mineralstoffen sowie zahlreiche sekundäre Pflanzenstoffe.

Die Deutsche Gesellschaft für Ernährung (DGE) empfiehlt eine Kohlenhydratzufuhr von 55% der Energiezufuhr. Für Frauen bedeutet das rund eine Menge von 230g, für Männer ein Minimum von 300 g Kohlenhydraten pro Tag.

Amerikanische Wissenschaftler untersuchten den Zusammenhang zwischen der Kohlenhydrataufnahme und Sterberate (Mortalität). Sie untersuchten dazu über 15.000 Erwachsene und verglichen zudem die Daten aus sieben weiteren internationalen Untersuchungen (über 430.000 Teilnehmer) miteinander. Die Ergebnisse verdeutlichen, wie wichtig Kohlenhydrate für unsere Gesundheit sind. Dabei gilt wie so oft: Die richtige Menge ist entscheidend. Personen, die **50-55 %** ihres Energiebedarfes über Kohlenhydrate decken, besaßen die längste Lebenserwartung. Zu viel **(>70 %)** und zu wenig **(<40 %)** Kohlenhydrate waren mit einer höheren Sterblichkeitsrate verbunden. Im Schnitt lebten Personen, die sich Low Carb ernährten, vier Jahre kürzer. Bei zu hoher Kohlenhydrataufnahme verringerte sich die Lebenserwartung um ein Jahr. Doch die Experten gingen noch einer weiteren Frage nach: Wenn man Kohlenhydrate reduziert, macht es einen Unterschied, durch welche Nährstoffe man sie ersetzt? Die Antwort lautet eindeutig „Ja“. Eine entscheidende Rolle spielt dabei die Herkunft der Nährstoffe. Ersetzt Fett oder Protein tierischer Herkunft die Carbs, steigt die Sterblichkeitsrate. Tauscht man die Kohlenhydrate hingegen gegen pflanzliche Proteine und Fette aus, verringert sich das Sterblichkeits-Risiko und die Lebenserwartung steigt.

Fazit:

Low Carb lässt vielleicht schneller die Pfunde schmelzen, aber ist langfristig nicht gesund. Die Studienergebnisse sind eindeutig: Eine moderate Kohlenhydrataufnahme ist die ideale Voraussetzung, um gesund alt zu werden. Dies deckt sich auch mit den Empfehlungen der deutschen Gesellschaft für Ernährung (DGE) e. V., wonach man mindestens 50 % des Energiebedarfes durch Kohlenhydrate decken soll. Dabei sind **komplexe Kohlenhydrate**, wie sie in Vollkornprodukten, Hülsenfrüchten, Obst und Gemüse zu finden sind, zu bevorzugen. Zucker und Weißmehl sollte man hingegen lieber meiden. Wer dennoch seine Kohlenhydrataufnahme beschränken muss oder möchte, sollte die Carbs durch pflanzliche Fette und Proteine ersetzen.

Jede Ernährungsweise mit einem extremen Anteil eines energieliefernden Nährstoffes, sei es

Fett, Kohlenhydrate oder Protein, schränkt die Lebensmittelauswahl ein. Der Körper wird dann nur unzureichend mit lebensnotwendigen Nährstoffen, wie Vitaminen oder Mineralstoffen, und Ballaststoffen oder beispielsweise mit zu viel Energie oder gesättigten Fettsäuren versorgt. Eine einseitige Ernährung über Jahre hinweg wirkt sich gesundheitlich nachteilig aus. Somit überraschen die Ergebnisse der Studie nicht.

Ballaststoffreiche Lebensmittel wie Vollkorn, Hülsenfrüchte, Gemüse und Obst sollten reichlich, einfache Kohlenhydrate wie Mono- und Disaccharide in Form von zugesetzten Zuckern und raffinierter Stärke nur in geringen Mengen verzehrt werden. In unserer westlichen Ernährung ist es entscheidend, die Fett- und Kohlenhydratqualität zu verbessern. Darauf wies die DGE bereits in ihrer Beurteilung der **PURE-Studie** hin. Auch eine generell zu hohe Energiezufuhr sollte vermieden werden. Eine ausgewogene, vollwertige und pflanzenbetonte Ernährungsweise, wie sie die DGE in ihren **10 Regeln** empfiehlt, fördert die Gesundheit – das bestätigt auch diese Studie erneut.

Kognitive sowie psychische Gesundheit durch pflanzenbasierte Ernährung

Unser Gehirn ist ein Vielfraß. Mit einem Gewicht von durchschnittlich 1,5 Kilogramm verbraucht es im Ruhezustand 17 bis 25 Prozent der Gesamtenergie des

Körpers. Eine gesunde Ernährungsweise führt zu einer besseren Leistung des Gehirns. Sie wirkt nicht nur protektiv gegen physische, psychische und neurologische Krankheiten, sondern erhöht auch Ihre geistige Leistungsfähigkeit.

Das Gehirn besteht zu 3/4 aus Wasser. Aufgrund dessen ist es nicht verwunderlich, dass ebendieses in hohen Mengen konsumiert werden soll, da es einen hohen Einfluss auf die Funktionsfähigkeit des Gehirns hat. Empfohlen wird eine Menge von mind. 1,5 bis 2 Liter am Tag. Sollten Sie Sport treiben, was sich zudem positiv auf Ihr Gehirn auswirkt, muss entsprechend mehr *"flüssiges Gold"* konsumiert werden. Wenn nicht genügend getrunken wird, dann schrumpfen die ***Dendriten*** im Gehirn, welche Informationen aufnehmen.

Das Gehirn besteht zu 3/4 aus Wasser. Aufgrund dessen ist es nicht verwunderlich, dass ebendieses in hohen Mengen konsumiert werden soll, da es einen hohen Einfluss auf die Funktionsfähigkeit des Gehirns hat. Empfohlen wird eine Menge von mind. 1,5 bis 2 Liter am Tag. Sollten Sie Sport treiben, was sich zudem positiv auf Ihr Gehirn auswirkt, müssten Sieentsprechend mehr H^2O konsumieren. Sobald nicht genügend getrunken wird, schrumpfen die Dendriten im Gehirn, welche Informationen aufnehmen. Das führt zu einer entsprechenden Verschlechterung der Hirnleistung. Weiterhin ist der Konsum von vielen Teesorten zu empfehlen. ***Grüner Tee*** beispielsweise ist nicht nur durchblutungsfördernd und entzündungshemmend, sondern regt zudem die Gehirnaktivität an.
Kohlenhydrate sind der erste Nährstoff (z.B. beim Lesen), den Ihr Gehirn verbraucht. Getreideprodukte, Hülsenfrüchte und Kartoffeln enthalten die für den Körper relativ schnell verfügbaren Kohlenhydrate und diese sind gut für den Kopf. Die durch die Aufnahme von Kohlenhydraten verstärkte Bildung des Botenstoffes 'Serotonin' führt zu einer besseren Stimmung und beugt Stress vor. Das wirkt sich positiv auf kognitive Fähigkeiten wie die Konzentrationsfähigkeit aus. Nahezu alle Kaltwasser-fische, wie etwa Lachs oder Hering, sind gute Lieferanten für Omega-3-Fettsäuren, einer der Hauptbestandteile unseres Gehirns.
Diese Fettsäuren unterstützen die Kommunikation zwischen den Gehirnzellen und es kommt zu einer

besseren Problemlösungskompetenz, einer gesteigerten Erinnerungsfähigkeit und es ist einfacher neue Lerninhalte aufzunehmen.

Viele Früchte unterstützen die Fähigkeit, Leistungen schneller abzurufen. Geeignet sind Früchte wie etwa Wassermelonen, Ananas, Orange, Kiwi, Pflaume, Kirschen, Weintrauben und Äpfel. Besonders wertvoll für die geistige Leistung sind Avocados. Sie haben einen hohen Gehalt an einfach ungesättigten Fettsäuren, welche die Durchblutung des Gehirns fördern. Zudem schützt ihr Verzehr die Gehirnzellen. Aber auch Blaubeeren sind dafür bekannt, die Denkfähigkeit und die Leistung Ihres Gehirns zu steigern.

Desweiteren verbessern gesättigte Fettsäuren in Eiern die Gedächtnisleistung und steigern das Erinnerungsvermögen. Verantwortlich dafür ist in erster Linie das im Eigelb enthaltene 'Cholin', ein wesentlicher Bestandteil der Gehirnzellen.

Eisen ist sehr wichtig für das Gehirn, da es die Versorgung des Gehirns mit Sauerstoff fördert. Sauerstoff ist für den Erhalt der geistigen Leistungsfähigkeit von höchster Bedeutung. Fehlt es an Eisen, so kann es zu Konzentrationsstörungen und einer verschlechterten Merkfähigkeit kommen. Gute Eisenlieferanten sind rotes Fleisch (z.B. Rindfleisch, Wildschwein), aber auch grünes Gemüse wie Brokkoli, der zudem als Radikalfänger gilt.

Als alternative Omega-3-Lieferanten eignen sich Nüsse. Sie geben Ihrem Gehirn die nötige Energie, um auf Höchstleistung zu arbeiten. Walnüsse, zum Beispiel, beugen Konzentrationsschwäche vor und lindern Nervosität. Cashewnüsse wirken stresshemmend und positiv regulierend auf den Eiweiß- und Kohlenhydratstoffwechsel.

Mit der richtigen Ernährung kann die Leistungsfähigkeit des Gehirns maßgeblich gesteigert werden. Man arbeitet konzentrierter, bekämpft Müdigkeit und ist weniger gestresst. Zudem wirkt sich gesundes Essen positiv auf den Körper aus.

<u>Gemüse für die Psyche</u> - Je höher der Obst- und Gemüsekonsum, desto besser das subjektive und objektiv ermittelte psychische Wohlbefinden. Mehrere Studien liefern Hinweise auf kausalen Zusammenhang.

Leeds / Warwick (Großbritannien) - Die Ernährungsweise wirkt sich nicht nur auf das körperliche Wohlbefinden aus, sondern könnte auch die Psyche beeinflussen. Das schließen

britische Forscher aus einer Verlaufsstudie, in der die Teilnehmer über einen längeren Zeitraum hinweg mehrmals Angaben über ihre Essgewohnheiten sowie ihr seelisches Befinden machten. Dabei ergab sich eine erstaunlich enge Beziehung zwischen dem Ausmaß des Obst- und Gemüsekonsums und der selbst beurteilten psychischen Verfassung. Einen möglicherweise positiven Effekt der Pflanzenkost bestätigt auch eine weitere Studie mit Daten aus Australien. Diese Forscher dokumentierten anstelle einer Selbstauskunft der Beteiligten medizinisch nachgewiesene Depressionen und Angststörungen. Die im Fachblatt *„**Social Science and Medicine**"* publizierten Ergebnisse sprechen nach Ansicht beider Forschergruppen dafür, dass ein gesteigerter Konsum von Obst und Gemüse das psychische Befinden verbessern kann.

„Die Wirkung von Obst und Gemüse könnte bisher unterschätzt worden sein", schreiben Redzo Mujcica und Andrew Oswald von der University of Warwick. Sie nutzten Daten von 7108 Menschen im Alter von mindestens 15 Jahren, die bei zwei Befragungen im Abstand von zwei Jahren in Australien erhoben worden waren. Unter anderem gaben die Befragten an, ob bei ihnen jemals eine Depression oder Angststörung diagnostiziert wurde,

die mindestens sechs Monate andauerte. Das war insgesamt bei 17 Prozent der Fall. Die Wahrscheinlichkeit, zwischen beiden Befragungsterminen erstmals an einer solchen psychischen Störung zu erkranken, war umso größer, je geringer der Verzehr von Obst und Gemüse war. Einflussfaktoren wie Alter, Schulbildung und Einkommen wurden bei der statistischen Auswertung berücksichtigt. Das deutet darauf hin, dass eine verstärkte Pflanzenkost einen Schutzeffekt haben könnte.

Die Forscher prüften auch die Möglichkeit einer umgekehrten Kausalität: In diesem Fall müsste sich bei

Menschen mit aktueller oder überstandener Erkrankung zur Zeit der Erstbefragung der Obst- und Gemüsekonsum bis zur zweiten Befragung verringert haben. Dafür gab es jedoch keine Hinweise. Die negativen Auswirkungen eines mangelnden Konsums pflanzlicher Nahrung auf die Psyche könnte ein Ausmaß erreichen, das der Erfahrung von Arbeitslosigkeit oder Scheidung vergleichbar ist, schreiben die Autoren.

Über sieben Jahre hinweg erstreckte sich die zudem weit größere Studie von Neel Ocean und seinen Kollegen von der University of Leeds. Sie werteten Daten von etwa 50.000 Briten aus, die mindestens 15 Jahre alt waren. Zwischen 2009 und 2017 wurden die Teilnehmer jährlich befragt, an wie vielen Tagen pro Woche und in welchen Mengen sie Obst und Gemüse aßen. Zur Messung des psychischen Wohlbefindens diente ein standardisierter Test mit zwölf Fragen. Dabei bewerteten die Befragten ihre Gefühle von Freude, Glück, Angst, Stress, Sorge und Niedergeschlagenheit auf einer Punkteskala von 0 bis 3. Als alternativen Maßstab für das seelische Befinden nutzten die Forscher subjektive Angaben zum Grad der Lebenszufriedenheit. Als Einflussfaktoren berücksichtigten sie Alter, Geschlecht, Einkommen, Schulbildung, Familienstand, chronische Erkrankungen, Tabakkonsum und körperliche Aktivität.

Je häufiger der Obst- und Gemüsekonsum pro Woche und je größer die pro Tag verzehrten Mengen, desto besser waren die Werte für psychisches Befinden und Zufriedenheit. Eine noch nicht erwiesene ursächliche Beziehung vorausgesetzt, weisen die Ergebnisse darauf hin, dass schon eine geringfügige Zunahme an pflanzlicher Kost die Psyche positiv beeinflussen kann, schreiben die Forscher. Noch sei nicht geklärt, wie ein kausaler Zusammenhang zu erklären wäre. Pflanzliche Inhaltsstoffe wie Vitamine oder Antioxidantien und Abbauprodukte komplexer Kohlenhydrate könnten auf das Gehirn einwirken und die Stimmung verbessern. Es wäre zudem denkbar, dass ein starker Konsum von Obst und Gemüse den Verzehr eher schädlicher Nahrungsmittel verringert und dadurch indirekt die Gesundheit fördert. Übrigens konsumierte nur jeder fünfte Teilnehmer der größeren Studie die generell empfohlenen fünf Portionen Obst und Gemüse pro Tag. Laut Weltgesundheitsorganisation (WHO) sollten täglich 400 Gramm davon verzehrt werden, um chronische Erkrankungen und Mangelernährung zu verhindern.

Schlafhygiene durch bewusster/m Ernährungsweise /-verhalten pflegen

Die Aktivität des Organismus hängt nicht unwesentlich mit der Nahrungsaufnahme zusammen. So gibt es Lebensmittel, die den Schlaf begünstigen und andere, die uns eher wach bleiben lassen. Manche Nahrungsmittel senken Blutdruck und Puls, kurbeln den allgemeinen Stoffwechsel eher nicht an und begünstigen somit das Hinübergleiten in den Schlaf. Umgekehrt kann bestimmte aufgenommene Nahrung den Körper auch in einen höheren Aktivitätsgrad versetzen und damit das Einschlafen erschweren.

Von ausreichender Energie und klaren Gedanken bis zu schnellen Reflexen und guter Laune – gutes Schlafen sorgt für einen gesunden und funktionierenden Körper. Das Immunsystem ist gestärkt und die Organe konnten sich in der Nacht erholen. Schläft man dagegen schlecht oder zu wenig, führt das zu einem angreifbaren Immunsystem, schlechter Laune, gesteigerten Sinnesempfindungen und Appetit.

Die Aminosäure Tryptophan aus Lebensmitteln wie Kürbiskernen oder Eiern produziert Serotonin, dieses ist förderlich für gesunden Schlaf. Serotonin ist ein Hormon, das für unseren Biorhythmus verantwortlich ist. Finde einen Zeitraum, in dem du jeden Tag zu Bett gehst (etwa innerhalb von 1-2 Stunden, der immer gleich bleibt über die Woche). Durch eigene Analyse lassen sich individuelle Verhaltensmuster beobachten – finden Sie für sich selbst heraus was Sie abends beruhigt.

Schlaftrunk, Lesen, Meditation, Spaziergang, Schreiben, ruhiges Yoga, Baden, etc. stellen mögliche Beispiele dar und helfen eigene Rituale. Zu schaffen.

Ein weiteres Hormon, das bei Schlaf helfen kann, ist Melatonin (Schlafhormon) Man findet es bspw. in Kirschen. Zusätzlich empfiehlt es sich, zu dem abendlichen Tryptophan-Snack ein Kohlenhydrat hinzuzufügen. Die Kohlenhydrate aus Brot oder Reis helfen dem Gehirn bei der Aufnahme von Tryptophan.

Mitternachts-Snack-Attacke sollte der Vergangenheit angehören. Das bedeutet aber nicht, dass man hungrig ins Bett muss, was wiederum zu Einschlafstörungen führen würde. Ein paar Regeln sollte man dennoch befolgen, wenn man noch kurz vor der Schlafenszeit etwas isst:

- Schwere und große Mahlzeiten besser morgens oder mittags zu sich nehmen.

- Abends Lebensmittel auswählen, die Tryptophan enthalten. Tryptophan fördert einen gesunden Schlaf. Eier, Milch, Bananen, Kürbiskerne, Mozzarella, Haferflocken,

- weiße Bohnen.

- Koffein, Alkohol und fetthaltige Lebensmittel (schlechte Fette wie Eiscreme, Milch-schokolade, Süßes, Frittiertes etc.) möglichst meiden.

- Generell zu dieser Tageszeit lieber auf einen kleinen Snack zurückgreifen, anstatt der Hauptmahlzeit. Der Körper braucht zu viel Energie zum Verdauen, was dann zu Einschlaf- und Durchschlafstörungen führt. Die Leber hat kaum Zeit zur Regeneration und man fühlt sich nicht so erholt am nächsten Tag.

- Auch Magnesium steigert die Schlafqualität, verlängert ein Durchschlafen und verbessert das Aufwachen. Kakao, dunkles Blattgrün und Avocados enthalten Magnesium.

Da Genussmittel wie das Koffein aus Kaffee, Tee, Schokolade und Energy-Drinks den Organismus anregen, sind sie kontraproduktiv für den Abend. Der Körper braucht vor dem Schlafengehen keine aufputschenden Lebensmittel mehr, die ihm Energie geben oder die viel Energie in Anspruch nehmen, deshalb empfiehlt es sich auch sehr, schlecht verdauliche Lebensmittel zu vermeiden. Alkohol, Eiscreme und frittiertes fällt darunter. In der Regel empfiehlt es sich 2-3 Stunden vor dem schlafen gehen keine Lebensmittel mehr zu sich zu nehmen, da der Stoffwechsel und somit die rustikale Arbeit der Verdauung in vollem Gange ist. Die Leber hat mit diesen – wenn auch leckeren, aber leider ungesunden Zutaten – einfach zu viel zu tun und die Regeneration in der Nacht kommt zu kurz, da sich zu viel Zucker im Blut befindet. Auch ein zu viel an Essen sollte man vermeiden, oder Lebensmittel, die sehr lange verdaut werden wie Paprika, Salat und Fleisch, diese brauchen mindestens acht Stunden.

Wertvolle Tipps als Einschlafbegleiter:

Kürbiskerne, Kirschen, Hafer, Kurkuma, Reishi, Cashewkerne, Avocado, Haferflocken, Eier, Bananen, weiße Bohnen (mäßig), Milch + Honig, Sojabohnen, Magnesiumreiche Lebensmittel, Tee aus Lavendel, Passionsblumen, Baldrian, Kamille, Hopfen, Lindenblüten.

5 Der Darm – Gesundheitsmanager für Leib und Seele

In allen Medien kann man sich seit wenigen Jahren zu dem zukunftsweisenden Thema Darmgesundheit informieren.
Diese aktuelle Bewusstseins-Welle wurde mit ausgelöst durch den Bestseller „Darm mit Charme". Nun findet man zahlreiche weitere Buchtitel wie „Alarm im Darm", „Verdauung! 99 verblüffende Tatsachen" und „Darm an Hirn: Der geheime Dialog unserer beiden Nervensysteme und sein Einfluss auf unser Leben" und entdeckt Schlagzeilen wie „Darm gesund - alles gesund?", „Der Darm als Sitz und Schlüssel der Gesundheit", „Der Darm ist unser Gesundheitszentrum" und erfährt, dass „Darmgesundheit mehr ist als nur eine gute Verdauung". In asiatischen Kulturen gilt der Bauch schon lange als „Sitz der Seele und der Gesundheit" und in Japan wird er als „geehrte Mitte" (Onaka) oder "Zentrum der körperlichen und geistigen Kraft" (Hara) bezeichnet.

Neben der reinen Verdauungsfunktion, der Bereitstellung von Nährstoffen und Vitaminen und dem Ausscheiden von verdauter Nahrung, ist der Darm ein wichtiger Bestandteil unseres Immunsystems. Diese Funktion ist so einleuchtend wie lebensnotwendig, ist doch der Darm mit einer Oberfläche von 400 m^2 die größte Kontaktfläche zur Außenwelt.

Die sogenannte Darmbarriere besteht aus dem intestinalen, das bedeutet dem darmeigenen, Immunsystem mit ca. 80 % der Immunzellen des Körpers und einer Art Zell-Maurer. Das ist ein dichter Zellverband, bei dem die Zwischenräume noch einmal mit sogenannten Schlussleisten (tight junctions) besonders abgesichert sind. Der Darm wird bei seiner Abwehrfunktion von der Darmflora unterstützt.

Diese verteidigt die Darmbarriere mit speziellen Mechanismen vor dem Eindringen unerwünschter Krankheitskeime.

Zudem beherbergt der Darm das enterische (darmeigenes) Nervensystem – unser Bauchhirn. Unser zweites Hirn ist verantwortlich für das sogenannte Bauchgefühl. Es besteht aus einem Nervengeflecht aus 100 Millionen Nervenzellen, das den gesamten Magen-Darm-Trakt durchzieht. Dies sind mehr Nervenzellen als im Rückenmark zu finden sind. Zusammen mit den von den Darmbakterien hergestellten Botenstoffen – z. B. dem Glückhormon Serotonin – kommuniziert der Darm so über Bauch-Hirn-Achse mit dem Gehirn.

Mit dem Thema Darmgesundheit wurden neue Begriffe wie Darm-Mikrobiom oder -Mikrobiota, Symbionten (gesundheitsfördernde Bakterien), Darmbarriere (s.o.), Mukosabiologie und Mukosaimmunologie (Biologie und Immunologie von Darmschleimhaut und Darmflora) eingeführt.

Als Darm-Mikrobiom werden die 100 Billionen Mikroorganismen bezeichnet, die auf der Darmschleimhaut leben. Sie bilden zusammen mit dem Darm ein ausgeklügeltes, komplexes Mikro-Ökosystem. Es wird vermutet, dass ca. 2000 verschiedene Bakterienarten im Darm leben. Die Zusammensetzung des Mikrobioms ist individuell unterschiedlich und unverwechselbar, so wie ein Fingerabdruck. Relevant für das allgemeine körperliche Wohlbefinden ist die bakterielle Artenvielfalt.

Die Darmgesundheit, das komplexe Zusammenspiel von Darmflora und Darmschleimhaut sowie dem Immunsystem des Darms, kann durch verschiedene externe und interne Faktoren beeinflusst werden. Die Integrität dieser Schutzbarriere hat Auswirkungen auf den Darm selbst und den gesamten Körper. Störungen dieses leistungsstarken Öko-Systems können ausgelöst werden durch eine ungeeignete Zusammensetzung der Darmflora – auch Dysbiose genannt - und der damit verbundenen erhöhten Durchlässigkeit der Darmwand. Dies ermöglicht das Eindringen von unerwünschten Stoffen sowie die Entstehung chronischer Darmschleimhautentzündungen.

Je mehr verschiede Bakterienstämme vorhanden sind, desto stabiler ist das System. Diese Bakterien kommunizieren miteinander und bilden Aktivitäts- bzw. Arbeitsgemeinschaften. Beeinflusst wird die Zusammensetzung durch unterschiedliche Ernährungsgewohnheiten ebenso wie durch regelmäßige

Medikamenteneinnahme.
Auch permanenter Stress sowie mangelnde Bewegung können das Mikrobiom aus dem Gleichgewicht bringen. Mit einer ausgewogenen, ballaststoffreichen Ernährung und einer ausreichenden Flüssigkeitszufuhr sowie täglicher körperlicher Bewegung sowie Entspannungsphasen können Mikrobiom und Darmschleimhaut aktiv unterstützt werden.

Probiotika

Die Wirkung aller Probiotika ist von einer Sache begrenzt: “Wir verabreichen einzeln ausgewählte Bakterien aus einem Labor“ – so Giulia Enders. Sobald man die Probiotika nicht mehr täglich einnimmt, verschwinden sie meist wieder aus unserem Darm. Jeder Darm ist anders, es gibt feste Mannschaften, die sich gegenseitig helfen oder anfeinden – wer da von oben neu dazu purzelt, hat erst einmal nicht viel zu sagen bei der Platzverteilung. Probiotika funktionieren deshalb zurzeit eher wie eine Pflegekur für den Darm. Setzt man sie ab, muss die eigene Flora die Arbeit weiterführen. Für langfristige Ergebnisse liebäugelt man seit kurzem mit der Team-Mix-Strategie: mehrere Bakterien auf einmal, die sich gegenseitig helfen, auf unbekanntem Terrain Fuß zu fassen. Sie übernehmen die Müllentsorgung füreinander oder stellen Futter für ihre Kollegen her.

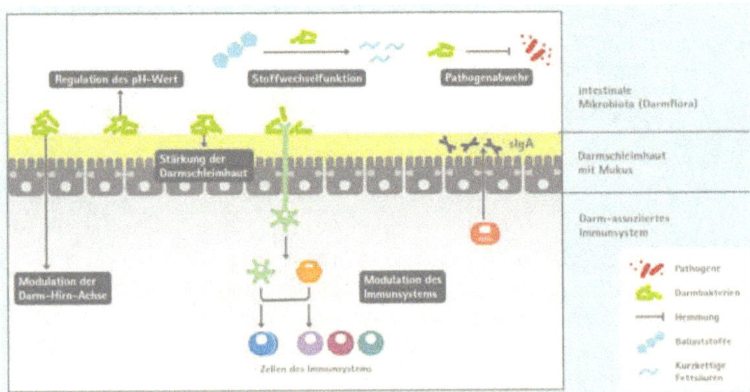

Auf dieses Prinzip setzen schon manche Produkte aus Apotheken, Drogerien oder Supermärkten mit einem Mix altbekannter Milchsäure-Kollegen. Diese können so tatsächlich effektiver arbeiten. Der Gedanke, dass man diese Bakterien dadurch dauerhaft im Darm ansiedeln könnte, ist schön, aber funktioniert bisher noch weniger gut.
Zieht man die Team-Mix-Strategie allerdings knallhart durch, sind die Ergebnisse tatsächlich beeindruckend. So zum Beispiel bei der Therapie von *Clostridium difficile*-Infektion. *Clostridium difficile* sind Bakterien, die Antibiotika gut überleben und danach den ganzen frei gewordenen Platz im Darm überwuchern können.

In der Transplantation von guten Bakterien, die auch dauerhaft anwachsen, liegt wohl das größte Potential der Probiotika. Das verpflanzen hat sogar schon bei drastischen Fällen von Diabetes zu guten ersten Ergebnissen geführt. Zurzeit wird auch getestet, ob dadurch auch der Ausbruch von Diabetes Typ1 verhindert werden kann.

Präbiotika

Neben Probiotika haben auch Präbiotika eine gesundheitsfördernde Wirkung auf den Darm. Anders als bei Probiotika handelt es sich bei ihnen aber nicht um Mikroorganismen, sondern um Ballaststoffe, die vom Körper nicht verdaut werden.

Zu ihnen gehören Pflanzeninhaltsstoffe wie Inulin und Oligofruktose. Manche der "guten" Bakterien im Dickdarm stürzen sich geradezu auf die Präbiotika, verwerten sie bevorzugt und können sich dadurch vermehren. Präbiotische Lebensmittel sorgen dafür, dass sich vor allem Bifidobakterien im Darm wohlfühlen. Krank machende Bakterienstämme wie etwa Clostridien und bestimmte Arten von E. coli haben es dann schwerer, sich im Darm auszubreiten. Zudem helfen Präbiotika bei Darmträgheit, Durchfall und Verstopfung.

Natürliche Präbiotika sind zum Beispiel in ***Chicorée, Topinambur, Zwiebeln, Knoblauch, Schwarzwurzeln, Artischocken und Bananen*** enthalten.
Damit Präbiotika wirken können, ist laut Studien allerdings eine Menge von etwa 5 Gramm pro Tag notwendig. Das bedeutet für den Speiseplan: mehrere Portionen Gemüse - etwa als Salat, Beilage, als Suppe oder Saft.

Tipps für einen gesunden Darm

Mit einfachen Mitteln kann effektiv vorgebeugt und somit für eine gute langfristige Darmgesundheit gesorgt werden:

1. Ballaststoffreich essen

Die Deutsche Gesellschaft für Ernährung (DGE) empfiehlt Erwachsenen 30 g Ballaststoffe täglich. Diese Menge erreichen Sie problemlos, in dem Sie fünf Portionen Obst und Gemüse/Hülsenfrüchte, eine Portion Getreideflocken, zwei bis drei Scheiben Vollkornbrot und eine Portion Kartoffeln, Vollkornnudeln oder Naturreis auf Ihren Speiseplan setzen.

Eine ballaststoffreiche Ernährung senkt das Risiko für ernährungsmitbedingte Krankheiten. So gelten Ballaststoffe als gute Vorsorge gegen Diabetes mellitus (Zuckerkrankheit). Zu viel Zucker führt außerdem zu Blähungen im Dickdarm, die schlichtweg unangenehm sind.

2. Genug trinken

Damit die Ballaststoffe genügend Wasser zum Quellen haben, sind 1,5-2 Liter Flüssigkeit pro Tag nötig. Bei Hitze, sportlicher Betätigung oder körperlicher Arbeit kann es auch mehr sein. Besonders geeignet sind

Wasser und ungesüßte Tees. Zuckergesüßte Erfrischungsgetränke wie Eistee, Cola oder Limo sollten die Ausnahme sein. Alkohol verlangsamt die Verdauung und kann die Darmzellen schädigen. Auch aus diesem Grund sollten Sie Bier, Wein und Sekt nur in Maßen trinken.

Wer Probleme mit der Verdauung hat und zu Verstopfung neigt, kann sich mit folgendem Trick vielleicht helfen: Trinken Sie morgens auf nüchternen Magen ein Glas warmes Wasser – das regt bei vielen Menschen die Verdauung an.

3. Gründlich kauen

Wer gründlich kaut, entlastet seinen Darm. Denn durch das Kauen wird die Nahrung ausreichend zerkleinert. Zudem befinden sich im Speichel bereits Verdauungsenzyme, die die Nahrung vor-verdauen. Ein Beispiel ist die Amylase, die Stärke zu Zuckern abbaut.

Durch langsames und bewusstes Essen merken Sie viel besser, wann Sie satt sind. Wer bewusst seine Mahlzeiten kaut statt sein Essen einfach hinunterzuschlingen, hat nicht nur viel mehr vom Geschmack, sondern isst wahrscheinlich sogar weniger.

4. Viel bewegen

Der klassische Verdauungsspaziergang erfüllt tatsächlich seinen Zweck. Regelmäßige Bewegung regt den Darm an – denn die Muskeln im Darm kommen wortwörtlich in Gang. Geeignet sind alle Ausdauersportarten wie Laufen, Walken und Schwimmen. Hinzu kommen gymnastische Übungen wie ganz einfaches „Radfahren" im Liegen, die die Darmtätigkeit stimulieren.

Sollten Sie sich gerade körperlich betätigen - hier noch ein Tipp:

Eine Baumassage kann ebenfalls die Verdauung anregen. Legen Sie dazu beide Hände auf Ihren Bauch und massieren Sie sich mit kreisenden Bewegungen im Uhrzeigersinn.

5. Darmflora pflegen

Insgesamt rund 1.000 verschiedene Bakterienarten besiedeln den Darm eines jeden Menschen. Die Zusammensetzung ihrer Gesamtheit, der Darmflora, ist bei jedem Menschen individuell. Damit sich krank machende Bakterien im Darm nicht verbreiten können, sind die Milchsäurebakterien (Laktobazillen und Bifidobakterien) besonders wichtig. Ihren Anteil können Sie aktiv erhöhen, indem sie Lebensmittel essen, die Michsäurebakterien enthalten. Dazu zählen neben Sauerkraut vor allem gesäuerte Michprodukte wie Buttermilch und Naturjoghurt.

Tipp: Nach einer Behandlung mit Antibiotika kann die die Darmflora aus dem Gleichgewicht geraten. Dann können Sie Ihrem Darm mit Milchsäure-enthaltenen Lebensmitteln helfen und werden schneller wieder fit.

Ausführlichere Beschreibungen im Bezug auf die einzelnen Lebensmittelgruppen befinden sich in dem Kapitel 7 - „Prävention in der Ernährung“.

6. Routinen entwickeln

Eine regelmäßige Verdauung setzt auch eine gewisse Regelmäßigkeit im Tagesablauf voraus. Nehmen Sie sich am Morgen genügend Zeit zum Frühstücken und für den Toilettengang. Auf diese Weise können Sie Ihren Darm "erziehen". Unregelmäßiges Essen bringt Ihre Verdauung möglicherweise durcheinander.

Wichtig ist auch, dass Sie wirklich auf die Toilette gehen, wenn Sie müssen. Das gilt auch, wenn es gerade nicht so gut in Ihre Planung passt. Wird der Stuhlgang unterdrückt, kann es in der Folge zu Verstopfung kommen.

6 Gesundheitliche Risiken durch westliche Ernährungsweise

Unsere Gesundheit wird maßgeblich durch die Art, wie wir leben, beeinflusst. Ein gesundheitsbewusster Lebensstil, körperliche Aktivität und gesunde Ernährung wirken sich positiv auf unsere Gesundheit aus und tragen dazu bei, Krankheiten zu vermeiden.

Wissenschaftler gehen davon aus, dass mehr als zwei Drittel aller Erkrankungen in den westlichen Industrieländern ernährungs- und lebensstilinduziert sind. Insbesondere Fehlernährung, Bewegungsmangel und Übergewicht spielen dabei eine große Rolle. Aber auch der Nikotingenuss und Alkoholkonsum tragen dazu bei. Für zahlreiche Erkrankungen ist ein Zusammenhang zum Lebensstil und zur Ernährung bewiesen, so zum Beispiel für Herz-Kreislauf-Erkrankungen, Diabetes mellitus und Krebs.

In der Europäischen Region der WHO ist Krebs nach Erkrankungen des Herzkreislaufsystems die zweithäufigste Todesursache. 20 % aller Todesfälle in der Region sind krebsbedingt. Jedes Jahr werden 2,5 Mio. Neuerkrankungen diagnostiziert. Durch gesunde Lebensweisen – gesunde Ernährung, körperliche Betätigung und Bewahrung eines gesunden Körpergewichts sowie Verzicht auf Tabakkonsum – ließen sich viele Krebserkrankungen vermeiden.

Die einschlägige Literatur enthält zahlreiche Hinweise darauf, dass bis zu 30% aller Krebserkrankungen auf schlechte Ernährungsgewohnheiten zurückzuführen sind und daher vermeidbar wären. Dies gilt sogar für 70% der Krebserkrankungen des Magen-Darm-Trakts. Das Beibehalten eines gesunden Körpergewichts über den gesamten Lebenslauf könnte einer der wichtigsten Schutzmechanismen gegen Krebs sein. Nach Tabakverzicht ist es wahrscheinlich der zweitwichtigste Faktor.

Forschungsergebnisse deuten darauf hin, dass die 20% der Bevölkerung, die am wenigsten Obst verzehren, ein um ein 20% erhöhtes Lungenkrebsrisiko tragen. Außerdem gibt es Hinweise darauf, dass ein herabgesetzter Konsum von Salz und gepökelten Lebensmitteln die Inzidenz von Magenkrebs reduzieren kann.

Es ist weithin anerkannt, dass Übergewicht bzw. Adipositas das Risiko für einige Krebserkrankungen erhöht.

Die europäische Prospektivstudie Krebs und Ernährung (EPIC) hat versucht, den Einfluss von Übergewicht auf verschiedene Krebskrankheiten zu beurteilen. Im Rahmen von EPIC wurde das Beziehungsgeflecht zwischen einer Reihe von Faktoren (Ernährung, Ernährungszustand, Lebensweise und Umwelt) und der Inzidenz von Krebs und anderen chronischen Krankheiten in einer Studie beleuchtet, an der 520 000

Personen im Alter von 50 bis 64 Jahren aus zehn europäischen Ländern teilnahmen.

Generell kommt die jüngere Forschung zu dem Schluss, dass bei einem Anstieg des Körper-Masse-Indexes (BMI) um 5 kg/m2 die Krebsmortalität um 10% zunimmt. Bei Männern führte demnach ein Anstieg des BMI um 5 Punkte zu einem erhöhten Risiko für die Ausbildung verschiedener Krebserkrankungen:

- Ösophagus-Adenokarzinom – plus 50%
- Schilddrüsenkrebs – plus 33%
- Kolonkarzinom – plus 25%
- Nierenkrebs – plus 25%

Die entsprechenden Daten bei Frauen waren:

- Endometriumkarzinom – plus 60%
- Gallenblasenkrebs – plus 60%
- Ösophagus-Adenokarzinom – plus 50%
- Nierenkrebs – plus 34%

Krebsprävention erfordert gesellschaftliche und natürliche Umfelder, die gesunder Ernährung und körperlicher Betätigung zuträglich sind. Außerdem könnten Fertiggerichte bzw. Getränke, die weniger Zucker, raffinierter Stärke, Fett und Salz enthalten, das

Risiko für chronische Erkrankungen wie Krebs wirksam verringern.

Ausgewählte Lebensmittelgruppen zur Risikosenkung ernährungsmitbedingter chronischer Krankheiten

Neues Rechenmodell von Schwingshackl et al. (2019) ermöglicht Ranking von Lebensmitteln nach ihrem möglichen Beitrag zur Gesundheitsförderung.

Eine unausgewogene Ernährung ist weltweit gesehen einer der wichtigsten Risikofaktoren für chronische Krankheiten und frühzeitigen Tod. Es gibt eine Vielzahl von epidemiologischen Studien, die in den Zusammenhang zwischen dem Verzehr einzelner Lebensmittel bzw. Lebensmittelgruppen und dem Risiko für unterschiedliche Krankheiten untersuchen. Es ist möglich aus den Ergebnissen, dieser Studien optimale Verzehrmengen(sog. Theoretical minimum risk exposure level, kurz TMRELs) für einzelne Lebensmittel bzw. Lebensmittelgruppen und bezogen auf einzelne Krankheiten abzuleiten. Problematisch hierbei ist, dass diese optimalen Verzehrmengen jeweils nur für eine ausgewählte Krankheit die größtmögliche Senkung des Krankheitsrisikos darstellen und kein Optimum für alle in Betracht zu ziehenden Krankheiten sind. Es fehlte also bisher ein ganzheitlicher Ansatz.

Für die Ableitung von Empfehlungen ist es wichtig, ein Ranking der verschiedenen Lebensmittel und –gruppen in Bezug auf das Ausmaß der Auswirkungen auf die Prävention in den verschiedenen Ländern zu erstellen. Dazu kann das Konzept der DALYs (disability-adjusted life years) genutzt werden: DALYs werden durch eine Kombination der „mit Krankheit gelebten Lebensjahre" (years lifed with disability) mit den „durch vorzeitigen Tod verlorenen Lebensjahre" (years of life lost) berechnet. Sie sind sozusagen ein Maß für die Krankheitslast bzw. Gesundheitslücke in einem Land. Durch Errechnung der lebensmittelassoziierten DALYs lassen sich die Lebensmittel bzw. lebensmittelgruppen hinsichtlich ihrer Relevanz für die öffentlich Gesundheit in einem Land priorisieren. Schwingshackl et al. publizierten im April 2019 ein entsprechendes Rechenmodell, anhand dessen ein Ranking von Lebensmitteln und –gruppen hinsichtlich ihres Potenzials zur Risikosenkung ernährungsmitbedingter Krankheiten abgeleitet werden kann.

Folgende zwölf Lebensmittel bzw. Lebensmittelgruppen wurden in das Rechenmodell einbezogen: Vollkornprodukte, hoch ausgemahlene Getreideprodukte (z.B. Weißmehl), Gemüse, Obst, Nüsse, Hülsenfrüchte, Eier, Milch und Milchprodukte, Fisch, rotes Fleisch, verarbeitetes Fleisch und zuckergesüßte Getränke. Die Auswahl viel auf diese Lebensmittelgruppen, da sie die Grundlage vieler Ernährungsmuster und lebensmittelbezogener

Ernährungsempfehlungen sind und bei den meisten ein Zusammenhang zu den ausgewählten chronischen Krankheiten beschrieben wurde. Die untersuchten Krankheiten sind koronare Herzkrankheiten (KHK), Schlaganfall, Diabetes mellitus Typ2 und Kolorektalkrebs als häufige ernährungsmitbedingte chronische Krankheiten.

Laut der Ergebnisse der Modellrechnungen hat eine Steigerung der Verzehrmenge von Vollkornprodukten und von Nüssen das größte gesundheitsfördernde Potenzial. Die Autoren der Studie schlussfolgern, dass zukünftige Public Health- Maßnahmen darauf hinwirken sollten, den Verzehr von Vollkornprodukte zu erhöhen. Dies deckt sich mit lebensmittelbezogenen Ernährungsempfehlungen der Deutschen Gesellschaft für Ernährung e. V. (DGE), bei Getreideprodukten die Vollkornvariante zu bevorzugen. Auch für den Verzehr von Nüssen, Fisch und Hülsenfrüchte zeigt die vorgestellte Studie dass ein höherer Verzehr gesundheitsfördernd bezogen auf die vier untersuchten Krankheiten sein kann. Die Ergebnisse der Studie, insbesondere die Möglichkeit eines Rankings der Lebensmittel bzw. Lebensmittelgruppen, können als wichtiges Instrument bei der Ableitung zukünftiger FBDGs (food-based dietary guidelines = lebensmittelbezogene Ernährungsempfehlungen) und der Planung weiterer Public Health-Maßnahmen dienen. Gleichzeitig sind bei der Nutzung die beschrieben Daten für die Ableitung von lebensmittelbezogenen Ernährungsempfehlungen einige Aspekte kritisch zu berücksichtigen: Die Studie hat nur eine Auswahl an Lebensmittelgruppen betrachtet. Auch die Auswahl an Krankheiten war beschränkt. Diese Beschränkungen können bedingen, dass einzelne Gewichtungen in der Berechnung überschätzt worden sind. Für eine weitere Optimierung dieses Ansatzes und seiner Nutzung im Rahmen der Ableitung von Ernährungsempfehlungen wäre es also wichtig, weitere Lebensmittel bzw. –gruppen, z.B. Kartoffeln, Öle und Fette sowie z.B. eine Unterscheidung verschiedener Öle und auch weitere ernährungsmitbedingte chronische Krankheiten einfließen zu lassen.

Bedeutung Krankheit

Krank sein heißt, nicht mehr im Einklang zu sein mit sich selbst und dem Leben; es ist also eine Form der Disharmonie. Das betrifft die geistige Ebene ebenso wie die seelische und die körperliche Ebene. Krankheit äußert sich auf vielen unterschiedlichen Stufen. Im Beruf ebenso wie in der Partnerschaft, auf der wirtschaftlichen Ebene gleichermaßen wie in der spirituellen Entwicklung. Krank sein betrifft den ganzen Menschen.

Die eigentliche Krankheit ist nur das letzte Glied einer langen Kette von Unwissenheit, falschem Bewusstsein und daraus resultierendem falschem Verhalten. Das sichtbar und spürbar gewordene Symptom ist nur das Endergebnis. Leider befasst sich die Medizin nur mit diesem letzten Glied, das ja der Ausdruck der Bemühungen des Körpers ist, die eigentliche Krankheit zu überwinden. Am Anfang steht eine Ursache, Die Ursache liegt immer im Bewusstsein und wird als Verhalten sichtbar. Das Verhalten führt zu Unstimmigkeiten im Körper, und wenn diese nicht erkannt und beseitigt werden, zu einer Notlage. Erst wenn diese nicht erkannt und beseitigt wird, tritt das Symptom in Erscheinung. Die Notlage entsteht oft aus einem Überfluss vom Falschen, z.B. von Kalorien und einem Mangel an Notwendigen, wie Vitaminen, Mineralstoffen und Spurenelementen. Auf der seelisch-geistigen Ebene besteht die Ursache meist aus einem ungelösten Konflikt, einem unerfüllten Verlangen, einer Frustration oder einer geistigen Fehlentwicklung. All diese Disharmonien schaffen die Voraussetzung für eine infektiöse Notlage des Körpers, in der Viren, Bakterien, Pilze und die Parasiten die Oberhand gewinnen können.

Schon Buddha sagte:
„Die Krankheit ist die Heilung der Krankheit"

Die Folgen durch ungesunde Ernährung auf das Gesundheitssystem

Im Rahmen der strategischen Allianz NatLife 2020 haben das Biotechnologieunternehmen BRAIN AG und die Martin-Luther-Universität Halle-Wittenberg (MLU) untersucht, welche direkten Kosten dem deutschen Gesundheitssystem durch die hier übliche Ernährung entstehen. Die Wissenschaftler beziffern die direkten Folgekosten durch die meist zucker-, salz- und fettreiche Ernährung auf jährlich fast 17 Milliarden Euro. Diese Kosten beinhalten lediglich die direkten Behandlungskosten – indirekte Kosten, bedingt durch Arbeitsausfall, Kurbehandlungen und Invalidität, kommen noch hinzu.

Die Forscher haben repräsentative Krankheitskosten und Verzehrdaten für Deutschland analysiert. Daraus wurde errechnet, wie hoch die anteiligen Kosten eines unausgewogenen Verzehrs von Zucker, Salz und gesättigten Fetten sind (gemessen an den Verzehrempfehlungen der Deutschen Gesellschaft für Ernährung e.V.). Demnach belasten 16,8 Milliarden Euro jährlich das Gesundheitssystem.

Auf Ebene der untersuchten Erkrankungen wurde zwischen 22 Krankheitsbildern unterschieden. Dabei zeigte sich, dass die größten Kosten durch Erkrankungen des Herz-Kreislauf-Systems, Karies, Stoffwechselstörungen wie Diabetes mellitus und Übergewicht sowie diversen Krebserkrankungen verursacht werden. Die direkten Kosten von

Krankheiten, die aufgrund eines Überverzehrs von Salz, Zucker und Fett entstehen können, seien substanziell, so Studienautor Dr. Toni Meier von der MLU. Ein deutliches Einsparpotenzial liege jedoch auch in den bisher weniger beachteten Folgeerkrankungen und Folgekosten von Übergewicht und Diabetes. Diese würden von der gewichtsbedingten Arthrose bis zu Schlafstörungen, Alzheimer und chronischem Nierenversagen reichen.

Die Ergebnisse könnten als Richtschnur dienen, in welchen Bereichen sich Präventionsmaßnahmen am effektivsten lohnen. „Wenn es uns gelänge, etwa ein Drittel der Zucker-, Fett- oder der Salzmenge in Nahrungsmittelrezepturen mit neuen Naturstoffen zu ersetzen, könnten wir das Gesundheitssystem allein in Deutschland jährlich bereits um fünf bis sechs Milliarden Euro entlasten", resümiert Co-Autor Dr. Martin Langer von der BRAIN AG.

Meiner Ansicht nach verfügt Deutschland über eines der besten und kostenintensivsten Gesundheitssysteme. Doch dieser Vorteil wird durch eine besonders schlechte Ernährung mehr als aufgehoben. In deutschen konventionellen Supermärkten ist bisher kaum zu erkennen, inwieweit es sich um gesunde oder ungesunde Lebensmittel handelt. Zwar sind Nährwerttabellen mittlerweile auf allen Lebensmitteln aufgedruckt, aber so klein, verwirrend und nur auf der Rückseite des jeweiligen Produkts, sodass damit kaum jemand etwas anfangen kann bzw. in der Kauflaune die entscheidende Information zu dem Lebensmittel nicht wie gewünscht wahrgenommen wird. In anderen Ländern hat die Politik bereits Maßnahmen ergriffen, um die Bürger zu schützen. Mehr als 70 Länder weltweit beschränken die Herstellung oder den Vertrieb ungesunder Lebensmittel. Bewährt haben sich leicht verständliche Ampel-Systeme. In Frankreich steht zum Beispiel der sogenannte *NUTRI-SCORE* mitten auf der Verpackung. Damit kann jeder Verbraucher sofort erkennen, ob das Lebensmittel gesund (grün), ungesund (rot) oder irgendetwas dazwischen (gelb) ist. Um die ernährungsmitbedingte Epidemie zu stoppen ist ganz klar jeder einzelne Bürger selbst für sich verantwortlich. Doch ist nicht der alleinige bzw. der Hauptverursacher der Bürger für die schlechten Essgewohnheiten zur Verantwortung zu ziehen. Heuchlerische Interessenkundgebungen seitens der Politik bleiben ohne Sinn und Verstand. Eigene wirtschaftliche Wünsche sowie die damit verbundenen finanziellen Interessen der Bundesregierung, lassen etwaige wichtige Gesetzesänderungen, im Hinblick zahlreiche Zivilisationskrankheiten zu beseitigen, offensichtlich nicht zu.

In Großbritannien hat die Einführung einer Zuckersteuer auf süße Getränke gewirkt. Fast alle Hersteller haben dort nach Ankündigung der neuen Abgabe ihre Rezepturen verändert. So enthalten bspw. 100 Milliliter Fanta in Großbritannien nur noch 4,6 Gramm Zucker, in Deutschland mit 9,4 Gramm mehr als das Doppelte. Mit einer Ampel-Kennzeichnung könnten Verbraucher auf Anhieb ungesunde Zutaten in verarbeiteten Lebensmitten erkennen, zum Beispiel Zucker in Getränken, in Fertiggerichte oder Fertigsalate, Salz in Brot oder Fett in Wurst. Mediziner, Experten aus allen Gesundheitsbereichen fordern eine verpflichtende Ampel-Kennzeichnung auch in Deutschland. Die Erfahrung in anderen Ländern zeigt, dass Hersteller ihre Rezepturen verändern, um einem roten Warnschild zu entgehen. Tolle Ergebnisse erzielte auch Dänemark, die Transfettsäuren in allen Lebensmitteln schon seit vielen Jahren verbieten. Sogar die USA erkannten schnell die positiven Auswirkungen auf die Gesundheit und ergriffen prompt die Initiative. Die für Übergewicht und Gefäß-verkalkung verantwortlichen Transfette ließen sich auf Druck des Gesetzgebers leicht durch gesündere Alternativen ersetzen. Doch die Forderung vieler Ärzte nach einem Verbot von Transfetten auch in Deutschland wurde bisher nicht umgesetzt. Statt auf gesetzliche Verbote, klare Kennzeichnungspflichten oder eine höhere Besteuerung ungesunder Lebensmittel, setzt die deutsche Ernährungsministerin (***Julia Klöckner /CDU***), auf freiwillige Maßnahmen der Lebensmittelindustrie und die Eigenverantwortung der Verbraucher. Das wäre ebenso "erfolgreich" so wie frei von jedem Sinn, als würde man alle Gefängnisse in Deutschland aufschließen und an die Vernunft der Häftlinge appellieren, für verübte Taten die verhängten

Strafen freiwillig auszusitzen. Was daraufhin passieren würde, dass kann sich sicherlich jeder denken.

An der richtigen Stelle angesetzt, können Gesetze helfen um Menschen in eine gute Richtung zu weisen. Es braucht zukünftig klare Strukturen und Gesetze, die dem Bürger eine aussichtsvollere, potenzielle Gesundheit in Aussicht stellen. Dazu ist die Politik ohne Ausschweifungen klar in ihrer Pflicht angebunden.

Zielsetzung: Hochkalorische Lebensmittel (Zucker, sowie ungesunde Fette in konventionellen Fertigprodukten) höher besteuern und im gleichen Atemzug gesunde Lebensmittel (z.B. Gemüse und Obst) mit fairen, niedrigbesteuerten Preisen attraktiver gestalten. Ein einheitliches, aktuell noch immer seitens des Bundesministeriums stark diskutiertes Ampelsystems (Nutri-Score), soll nun auch in Deutschland auf freiwillige Basis seine Anwendung finden. Zukünftig besteht die Aufgabe darin, dass eine einheitliche Kennzeichnung flächendeckend in ganz Europa für Lebensmittel durchgesetzt wird. Der Zugang zu gesunden frischen Lebensmitteln sollte so ganzheitlich für alle Menschen leicht zugänglich und transparent sein. Desweiteren zeigten weltweite Studien den positiven Effekt von einer gesunden Ernährungsweise hin zu körperliche Betätigung. Sprich, gesünderes Essen treibt den Organismus an, beeinflusst ihn günstig und führt langfristig zu einer besseren Lebensqualität.

7 Zielorientierte Ernährungskompetenz von Anfang an

Das Fundament für Ernährungskompetenz und gesundes Essverhalten wird sehr früh gelegt. Mit etwa drei Jahren haben Kinder ihre Vorlieben in Bezug aufs Essen und Trinken entwickelt. Das erinnert an den Spruch „was Hänschen nicht lernt, lernt Hans nimmermehr". Tatsächlich geht es nicht nur um aktives Lernen, sondern um Bedingungen, die einen Menschen schon vor seiner Geburt prägen. Eltern übernehmen also eine große Verantwortung. Sie sollten sich dadurch aber nicht zu sehr unter Druck setzen - Hauptsache, die grobe Richtung stimmt. Dabei sorgen das BZfE und andere unabhängige Organisationen für Orientierung. Sie geben Antworten auf wichtige Fragen und halten ein großes Angebot an nützlichen Materialien bereit. Schon ab dem Tag der Empfängnis hängt die Gesundheit eines Kindes eng mit der Gesundheit und dem Verhalten der Mutter zusammen: So steigt bei einer übergewichtigen Schwangeren das Risiko, dass ihr Kind selber übergewichtig wird. Auf der anderen Seite wirkt sich ein gesunder und aktiver Lebensstil positiv auf das Kind aus. Eine Schwangerschaft kann daher motivieren, die Weichen neu zu stellen. Dabei zählt jeder noch so kleine Schritt. Ist das Baby auf der Welt, fördert Stillen seine Entwicklung und die enge Bindung zwischen Mutter und Kind. Ein abwechslungsreicher Speiseplan der

Mutter stellt auch jetzt die Nährstoffversorgung beider sicher. Wird das Baby nicht gestillt, versorgt die richtige Flaschenmilch das Baby optimal.

Eine spannende, manchmal etwas stressige Phase beginnt mit dem ersten Löffel Brei bis zum Mitessen am Familientisch. Jetzt werden konkrete Grundlagen für das spätere Essverhalten gelegt. Im Idealfall finden die Mahlzeiten in entspannter Atmosphäre statt und es wird mit frischen Lebensmitteln abwechslungsreich gekocht. Babybrei gibt es auch fertig zu kaufen. Der ist eine gute Alternative, wenn die Zutaten denen zum Selberkochen entsprechen.

Sowohl beim Essen als auch beim Einkaufen und Zubereiten haben Eltern, Großeltern und Geschwister eine wichtige Vorbildfunktion. Schon die Allerkleinsten können übrigens aktiv mithelfen und lernen dadurch buchstäblich fürs Leben. Das muss nicht jeden Tag sein, sondern immer dann, sobald sich alle in der passenden Stimmung befinden. Genauso verträgt ein insgesamt gesunder Lebensstil und bunter Speiseplan natürlich Ausnahmen, wenn der Alltag gerade zu hektisch ist.

Ziele der Ernährung im Kindesalter

- Sicherung von Wachstum und Entwicklung durch eine ausgewogene Zufuhr an Energie und Nährstoffen

- Prävention von ernährungsmitbedingten späteren Erkrankungen (wie Bluthochdruck, Herz-Kreislauferkrankungen, Diabetes mellitus Typ II, Übergewicht)

Diesen Zielen dient das Konzept der **„Optimierten Mischkost“**, kurz optiMIX®. Es wurde vom Forschungsinstitut für Kinderernährung Dortmund (FKE) entwickelt und wird immer wieder an neue wissenschaftliche Erkenntnisse angepasst.

In der Optimierten Mischkost werden die wissenschaftlichen Empfehlungen für die Nährstoffzufuhr und die Prävention in praktische, lebensmittel- und mahlzeitenbezogene Empfehlungen umgesetzt. Die Lebensmittel in der Optimierten Mischkost sind preiswert und überall erhältlich. – und sie berücksichtigen die Geschmacksvorlieben von Kindern. Denn das Essen soll nicht nur gesund sein sondern den Kindern auch schmecken.

Empfohlen werden Lebensmittel mit einer hohen Nährstoffdichte (d.h. einem bezogen auf den Energiegehalt hohen Gehalt an Vitaminen, Mineralstoffen und Spurenelementen). Diese Lebensmittel decken etwa 90% des Energiebedarfs aber bereits 100 % des Bedarfs an Vitaminen und Mineralstoffen. Die Lücke von 10 % an Energie kann mit Lebensmitteln geschlossen werden, die bezogen auf ihren Energiegehalt wenige Nährstoffe enthalten (Süßigkeiten, süße Getränke, Knabbereien).

Für die Lebensmittelauswahl gelten in der Optimierten Mischkost drei einfache Regeln:

SPARSAM:	Fett- und zuckerreiche Lebensmittel (Speisefette, Süßwaren, Knabberartikel)
MÄẞIG:	Tierische Lebensmittel (Milch, Milchprodukte, Fleisch, Wurst, Eier, Fisch)
REICHLICH:	Getränke (kalorienfrei oder -arm) und Pflanzliche Lebensmittel (Gemüse, Obst, Getreideerzeugnisse, Kartoffeln)

Wichtig zu wissen:

Ausgangspunkt für die Mengen in der Optimierten Mischkost ist der durchschnittliche Energie- und Nährstoffbedarf von Kindern der jeweiligen Altersgruppe. Innerhalb einer Altersgruppe von Kindern kann der Energiebedarf allerdings sehr unterschiedlich sein. Ein ruhiges Kind isst oft weniger als ein lebhaftes Kind. Kleine und zarte Kinder brauchen weniger als größere und kräftige Kinder. Normal sind bei Kindern auch Schwankungen im Appetit von Tag zu Tag.

Praktische Tipps zur Auswahl der Lebensmittel sowie ein beispielhafter Speiseplan für eine Woche finden sich in der Broschüre „Empfehlungen für die Ernährung von Kindern und Jugendlichen – optiMIX“. Nähere Informationen unter www.fke-do.de und genaue Anhaltswerte für die entsprechenden Verzehrmengen im Kindergartenalter.

Für die Zusammensetzung von Speisen in Kindertagesstätten und in der Kindertagespflege gibt es keine verbindlichen Vorgaben. Als Orientierung eignet sich die Optimierte Mischkost.

Wichtig zu wissen:

Da für alle Altersgruppen die selben Regeln für die Lebensmittelauswahl gelten, kann für alle Kinder das gleiche geplant und gekocht werden. Nur die Mengen der Lebensmittel ändern sich in Abhängigkeit vom Energiebedarf und somit vom Alter der Kinder.

Die Umsetzung der allgemeinen Empfehlungen für die Lebensmittelauswahl wird durch mahlzeitenbezogene Empfehlungen erleichtert. Empfohlen werden 5 Mahlzeiten pro Tag:

- 2 kalte Hauptmahlzeiten (Frühstück, Abendessen)
- 1 warme Hauptmahlzeit (z.B: Mittagessen)
- 2 Zwischenmahlzeiten (vormittags und nachmittags)

Unabhängig davon, ob die Mahlzeiten zu Hause oder im Kindergarten verzehrt werden, ergänzen sich ihre unterschiedlichen Lebensmittel- und Nährstoffprofile zu einer ausgewogenen Tagesernährung.

Jeder Mahlzeitentyp enthält eine andere Zusammenstellung von Lebensmitteln. Welche Lebensmittel dazu gehören, wird in Form von Mahlzeitendreiecken grafisch dargestellt. Die Flächen spiegeln die Mengenanteile der Lebensmittel an der Mahlzeit wider. Von den Lebensmitteln, die den Sockel bilden, soll mehr gegessen werden als von den Lebensmitteln in der Spitze der Dreiecke.

Mahlzeiten, die in der Kindertagesstätte oder Tagespflegegruppe eingenommen werden, sind vielfach die Zwischenmahlzeiten am Vormittag und Nachmittag und das Mittagessen.

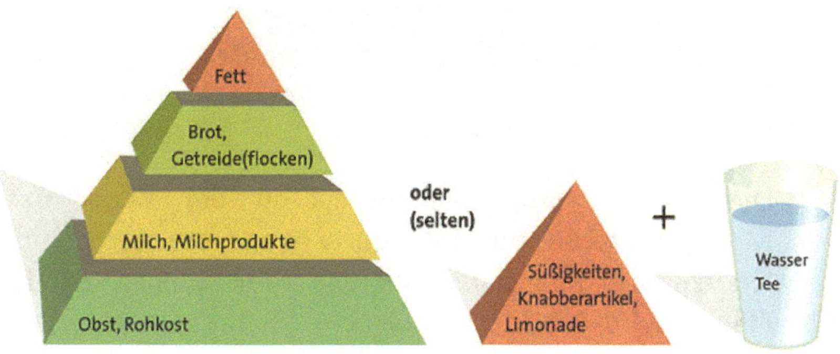

Die **Zwischenmahlzeiten** bestehen hauptsächlich aus Obst oder Gemüserohkost sowie Brot oder Getreideflocken. An manchen Tagen kann auch ein süßer Snack oder Knabberartikel angeboten werden, anschließend sollten die Zähne geputzt werden.

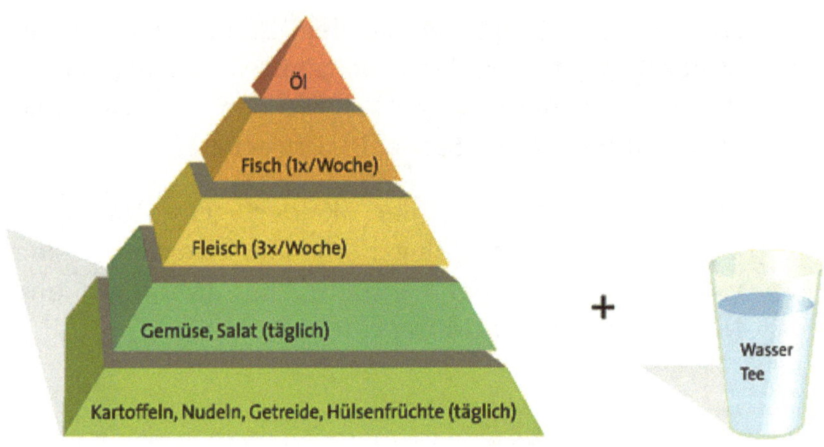

Die warme **Hauptmahlzeit** ist in der Regel das Mittagessen. Sie besteht überwiegend aus Kartoffeln, Nudeln oder Reis sowie Gemüse oder Rohkost(-Salat). Fleisch wird 2-3 Mal pro Woche (7 Tage) angeboten, Fisch 1-mal. Die warme Hauptmahlzeit ist besonders wichtig für die Nährstoffversorgung, denn sie liefert nur etwa 25 % der Energie am Tag, trägt aber zu mehr als 25 % zur Zufuhr der meisten Nährstoffe bei, vor allem der Vitamine. Mit der Optimierten Mischkost lässt sich ein abwechslungsreicher Speiseplan in Kindertagesstätten, der Kindertagespflege und in Schulen gestalten.

Wichtig zu wissen:

Wasser ist der wichtigste Nährstoff. Deshalb gehört zu jeder Mahlzeit ein Getränk. Auch zwischen den Mahlzeiten sollten immer energiefreie (Leitungswasser, Kräuter- oder Früchtetee) oder energiearme Getränke (z.B. Saftschorlen) angeboten werden.

Weiterführende Prävention im Erwachsenenalter

Gesunde Ernährung ist leicht verständlich bis hoch komplex, sodass selbst die Wissenschaft noch längst nicht alles entschlüsselt hat. Dennoch konnten Wissenschaftler über viele Jahre schon einiges über gesundheitswirksame Substanzen herausfinden und diese tatkräftig erforschen. Die nächsten Jahre können mit spannender Vorfreude verfolgt werden. Entdeckung neuartiger Molekül-Bausteine aus pflanzlicher Herkunft. Aufregende Substanzen/Stoffe um gesunde Ernährung noch besser verstehen zu können, wie aus den neuen wissenschaftlichen Erkenntnissen das bestmögliche aus den Lebensmitteln für die allgemeine Gesundheit herausgeholt werden kann.

Eine vollwertig ausgewogene Ernährung ist im Grunde ganz einfach umzusetzen. Die Deutsche Gesellschaft für Ernährung (DGE) erstellte einst für Verbraucherinnen einen 10 Regel-Plan. Die Regeln basieren auf fundierte, wissenschaftliche Erkenntnisse. Diese Empfehlungen können u.a. helfen das eigene

Essverhalten gesünder zu gestalten, bewusster wahr zu nehmen und die Geschmacksknospen auf Hochtouren zu bringen.

Immer mehr Menschen erkranken an Krebs, Diabetes und Übergewicht. Sodbrennen spielt dabei nur eine kleine „Nebenrolle“. Diese Liste ließe sich beliebig fortsetzen und jeder würde sein eigenes „kleines“ Wehwehchen darin entdecken. Dabei kann präventives Handeln viele dieser Erkrankungen vermeiden und sogar heilen, denn die meisten Krankheiten mögen keine vitalstoffreiche Ernährung mit all seinen bioaktiven Substanzen.

Die Natur hat uns mit all seiner Vielfalt reich beschenkt. Außergewöhnliche Lebensmittel wurden geschaffen, die der menschliche Organismus für ein gesundes Leben benötigt. Sie bietet eine Vielzahl an hoch komplexen pflanzlichen Nährstoffen. Pflanzen entwickelten im Laufe der Evolution bestimmte Stoffe, um sich etwa gegen Fressfeinde oder Pilzbefall zu schützen. Seit Urzeiten ernährt sich der Mensch nun schon u.a. von Pflanzen und Gräsern, wobei unser Körper lernte, aus speziellen Schutzmechanismen der Pflanzenstoffe gesundheitliche Vorteile zu erlangen. Viele frische Kräuter, aber auch Obst und Gemüse, sind oft nichts anderes als Heilpflanzen, deren Wirkstoffe die Pharmaindustrie heute versucht nachzubauen oder zu extrahieren, um bspw. daraus Medikamente herzustellen.

Vollkorn wird in den westlichen Industrieländern kaum genutzt, stattdessen besitzen Produkte aus Weißmehl die Oberhand. Raffinierter Zucker, ungesunde Fette, Überangebot an Salz in hoch verarbeiteten Lebensmitteln. Bei verarbeiteten Lebensmitteln kann der Verbraucher genutzte Zutaten, sowie bestimmte Mengen nicht eindeutig nachvollziehen. Mit der heutigen westlichen Orientierungsweise, ist die alltägliche Ernährung einseitig und ungesund geworden. Ganz besonders pflanzliche Lebensmittel wie Obst und Gemüse, Nüsse und hochwertige Öle befinden sich zumeist immer weniger bis gar nicht auf dem Speiseplan.

Man kann sich im wahrsten Sinne des Wortes gesund essen. Studien zeigen, dass sich zwar einige Bürger für gesunde Ernährung interessieren, diese erlangten Informationen dennoch nicht in ihrem Alltag mit einbringen können/wollen. Viel zu oft lockt die Currywurst oder Pizza an der nächsten Ecke, der saftige Schweinebraten mit Klößen, oder um Zeit zu „sparen“ wird der nächstgelegene Lieferservice aktiviert. Um ausgewogene gesunde Ernährung mit Langzeiteffekt für jeden Verbraucher zukünftig mit den richtigen Informationen einzudecken, braucht es eine fundierte Beratung und/oder eigens geschriebene Fachzeitschriften sowie kompetente Medienpools. Diverse Internetseiten explodieren vor potenziell, vermeintlich glaubwürdigen Informationen hinsichtlich gesunder Ernährung. Ernährungsfachkräfte müssen sich zukünftig neu ausrichten um speziell die Internet-

Community dort abzuholen, wie es dem heutigen Zeitgeist entspricht.

Der menschliche Organismus entsorgt täglich Müll, der aus der Nahrung und Umwelt aufgenommen wird. Jede Sekunde, Minute, Stunde entgiftet sich der Körper und gibt alles, um uns durch Selbstheilung ein gesundes Leben zu ermöglichen. Zahlreiche Studien der Weltgesundheitsorganisation (WHO) haben gezeigt, dass Menschen mit einer ungesunde Lebensweise im Schnitt pro Jahr 5 Kilogramm zuzunehmen. Die Konsequenz - man wird immer träger. Das geht so lange bis sich der Einzelne an die zunehmende Trägheit gewöhnt hat. „Wir können es eben einfach nicht mehr so wie früher" - so die häufigste Aussage der meisten wenn es um Bewegung/Sport und die Umsetzung von gesundem Essen geht.

Dabei stellt sich doch die Frage was Sie nicht mehr können – bewegen, leben? Natürlich kann derjenige, aber die Theorie bleibt eben immer auch nur eine Theorie. Es fehlt u.a. die Lust ebenso das nicht vorhandene Wissen, um die Theorie in die Praxis umzusetzen. Infolgedessen wird der Körper stätig mit steigender Gewichtszunahme immer schweren Lasten ausgesetzt sein. Um das zu ändern braucht es nicht viel. Der Mensch ist und bleibt ein Gewohnheitstier. Eine gesunde ausgewogene Ernährungsweise kann gegen zahlreiche Zivilisationskrankheiten wie Diabetes, Adipositas, Herzkreislauferkrankungen, Arteriosklerose, Schlaganfall und viele weitere Krankheiten vorbeugen und verhindern.

Gesunde Ernährung hilft nicht nur schlank zu bleiben oder abzunehmen. Gesunde Ernährung wirkt sich u.a. positiv auf die Psyche und den Bewegungsapparat aus. Sie hält vital und geistig fit. Jeder kann all diese wunderbaren Heilstoffe, welche Mutter Natur geschaffen hat, für sich nutzen. Ohne die Vielfalt der pflanzlichen Kost kann auf langer Hinsicht kein Mensch gesund bleiben. „Du bist was du isst"- ein Spruch mit einem wahrheitsgemäßen Hintergrund. All die wertvollen Sekundären Pflanzenstoffe, Vitamine, Mineral- und Ballaststoffe sowie auch Spurenelemente aus pflanzlicher Kost, ermöglichen es die Gesundheit in Takt zu halten. Der Körper produziert aus den bioaktiven Substanzen Unmengen an gesundheitserhaltenen Stoffen, die im Alltag eine Lebensnotwendigkeit darstellen (bspw. Hormone, Enzyme und gesunde Zellen). Komplexe (gute) Kohlenhydrate geben unserem Körper nicht nur die Energie die er jeden Tag benötigt um zu funktionieren, desweiteren bleiben sie auch über einen längeren Zeitraum für den Körper verfügbar. Das geschieht, da Kohlenhydrate in Zuckermoleküle umgewandelt werden. Diese gelangen über das Blut in den ganzen Körper. Dort werden Organe versorgt die diese Energie benötigen. Überschüssige Energie (Glykogen) werden zu einem Drittel in der Leber und zu zwei Drittel in der Muskulatur eingespeist. Sobald der Körper Energie benötigt wird diese in Glukose umgewandelt und wieder freigegeben. Energie trifft ebenso auf jede einzelne Zelle.

Ein Erwachsener besteht aus 100 Billionen einzelner Zellen. Legte man die durchschnittlich nur 1/40 Millimeter großen Zellen aneinander, reichten sie zweieinhalb Millionen Kilometer weit – oder etwa 60-mal um die Erde.

Diese Zellen sind einem ständigen Auf- und Abbauprozess unterlegen. Dabei ist es entscheidend, welche Substanzen wir den Zellen zu füttern geben, um gesund zu bleiben und u.a. die Leistung zu erbringen, die viele für selbstverständlich halten. Eine ungesunde und nährstoffarme Ernährungsweise kann die Zellen nicht mehr ausreichend versorgen. Immer mehr körpereigener „Abfall" entsteht. Im Gegenzug entwickeln sich immer weniger gesunde Zellen. Dies führt auf langer Sicht zu Schäden der eigenen Gesundheit. Die Konsequenz: der Mensch wird krank.

Gerade in der indischen und chinesischen Kochkunst erkannte man schon vor vielen Jahrhunderten, dass uns die Pflanzen die wir essen schützen und heilen können. Der Mensch ist nur so stark und gesund, sowie wir ihm dafür lebendiges gesundes Material aus den Lebensmitteln liefern. Der Organismus steht in direkter Wechselwirkung mit dem was man isst. Wenn wir uns gesünder ernähren, kann der Körper die gesundheitlichen Vorteile dieser Ernährung gut nutzen. Wir sind somit leistungsfähiger, konzentrierter und werden seltener krank.

Das Ganze funktioniert natürlich auch anders herum. Wer eher weniger auf eine gesunde Ernährung achtet, dem fehlen wichtige Bausteine. Anfängliche Folgen machen sich unterschiedlich bemerkbar. Trägheit, Müdigkeit, Konzentrationsstörungen, Mangelernährung bis hinzu diverser Volkskrankheiten. Natürlich muss das nicht zwangsläufig der Fall sein. Jeder Mensch funktioniert anders und kann auch mit Mangelerscheinungen anders umgehen. Allerdings ist die Wahrscheinlichkeit, dass sich eine gesunde Ernährungsweise auch positiv für unseren Organismus auswirkt sehr hoch. Nur eine ganzheitliche vollwertige gesunde Ernährung verschafft die gewünschten Vorteile und stellt ein breites Fundament für die menschliche Gesundheit dar. Hin und wieder mal auf Obst und Gemüse zurückzugreifen ist zwangsläufig nicht so effektiv, als sie jeden Tag als Grundbausteine auf dem Speiseplan stehen zu haben und diese möglichst bunt gestreut zu genießen.

Aktuelle wissenschaftliche Empfehlungen für eine ausgewogene und gesunde Ernährung

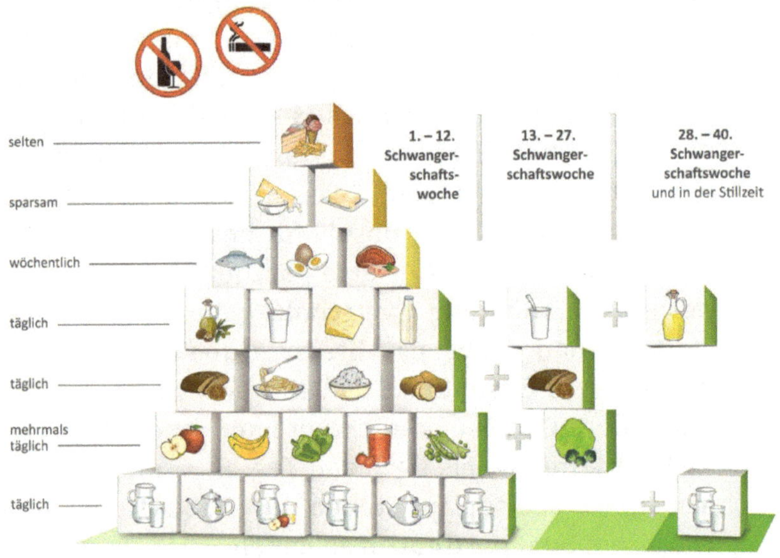

Was einmal auf dem Teller liegt, wird auch gegessen, ganz gleich wie groß die Portion ist und der vorherige Appetit war. Zu diesem Ergebnis kam eine Studie der Cornell Universität, USA. So entscheidet nicht das Sättigungsgefühl darüber, wann wir aufhören zu essen, sondern das Auge, das den leeren Teller sieht und damit „Ende der Nahrungsaufnahme" signalisiert.

Im Zeitalter von „Mega-Portionen“ und „XXL-Menüs“ und der Zunahme des Übergewichts können weder das eigene Augenmaß noch die von der Lebensmittelindustrie vorgegebenen Portionsmengen als objektive Kriterien für die Portionsgrößen gelten. Auch exakte Mengenangaben in Gramm für Portionen haben sich im Alltag nicht bewährt.

Deshalb verwendet die Ernährungspyramide die eigene Hand als einfaches Messinstrument. Das große Plus: Die Hand ist immer dabei sobald es ums Essen geht. Sie wächst individuell bei jeden Menschen unterschiedlich, somit berücksichtigt sie den je nach Alter und Geschlecht unterschiedlichen Bedarf eines Menschen. Kleine Kinder benötigen weniger Nahrung, demzufolge besitzen sie auch kleinere Hände. Größere
Kinder hingegen verfügen über größere Hände und den größeren Appetit. Ebenso besitzen Frauen kleinere Hände als Männer, sie essen auch im Schnitt die kleineren Portionen. Eine Portion entspricht dabei eine Hand voll eines Lebensmittels (in einigen Ausnahmen auch zwei Hände). Obendrein sind alltägliche Mengenangaben wie ein Glas und eine Scheibe geeignet.

• Alkohol und alkoholfreie Getränke

Sie sollen die Häufigkeit und den elementaren Grundstein einer gesunden Lebensweise aufzeigen.

Wasser ist das von der Natur erschaffene, lebensnotwendigste Naturgut aller auf der Erde lebenden Individuen. Die Deutsche Gesellschaft für Ernährung empfiehlt über den Tag verteilt mindestens 1,5 - 2 Liter reines Leitungs- /Trinkwasser ggf. leichtes Mineralwasser zu sich zu nehmen. Energiearme Getränke wie Früchte- und Kräutertees, verdünnte Obst- und Gemüsesäfte können zusätzlich getrunken werden und gelten als zusätzliche positive Trinkmöglichkeiten.

• Gemüse, Obst und Hülsenfrüchte

Genießen Sie täglich 5-mal Obst und Gemüse:

3 Portionen Gemüse (400g), 2 Portionen Obst (zum Teil roh). Möglichkeiten zur Bestimmung der Portionsgrößen von Obst und Gemüse, können mit einer geballten Faust abgemessen werden. Eine Faust der eigenen Hand ergibt eine Portion.

• Getreide und Erdäpfel

Täglich 4 Portionen Getreide, Brot, Nudeln, Reis oder Erdäpfel vorzugsweise in Vollkornvariante. Portionsangaben für

- Reis, Nudeln, Kartoffeln: 1 Portion = **2 Fäuste**
- Brot, Gebäck 1 Portion: **1 Handfläche** (Hand mit Fingern)

• sportlich aktive und Kinder sind 5 Portionen am Tag anzuraten.

Milch und Milchprodukte

Täglich 3 Portionen Milch- und Milchprodukte (fettarme Varianten bevorzugen)

- 1 Portion Milch-/Milchprodukte (Joghurt, Buttermilch...) = 1 Glas bzw. 1 Becher ca. 200ml
- Bergkäse = 1 Faust
- Scheibenkäse = 2 ganze Handflächen

Fisch, Fleisch, Wurst und Eier

Fleisch-/ Fleischprodukte, Fisch sollten jeweils 2-mal wöchentlich konsumiert werden. Die Deutsche Gesellschaft für Ernährung (DGE) rät zu einem wöchentlichen Verzehr von 300- bis maximal 600g Fleisch- und Fleischprodukte. Allerdings sollte der wöchentliche Fleischkonsum in Zeichen des Klimawandels auf ein Minimum reduziert und max. 300g nicht überschritten werden.

1 Portion Fleisch sowie Fisch = 1 Handfläche ohne Finger (Fingerdick). Die Vielfalt sollte auch bei tierischen Produkten ausgelebt werden. Zu bevorzugen ist hierbei fettarmes Fleisch (Geflügel). Fettreiches Fleisch nur in Maßen konsumieren. Der wöchentliche

Wechsel vom fettreichen- zu armen Fisch ist hierbei besonders günstig. Fettreiche Fische zeichnen sich durch einen hohen Gehalt an Omega-3-Fettsäuren aus. Diese stellen einen essentiellen Wert für den Organismus dar. Im Fisch enthaltene EPA (Eucosapentaensäure) und DPA (Docosahexaensäure) wirken antientzündlich und gehen präventiv gegen etwaige Entzündungsherde im Körper vor. Essentielle Fettsäuren können vom Körper selbst nicht gebildet werden. Sie müssen täglich über die Nahrung zugeführt werden. Damit EPA u. DPA langfristig greifen bzw. wirken können, ist hierbei ein Dauerhafter Verzehr sinnvoll.

Hinweis: Angehalten an der bestehenden Umwelt- und Klimasituation, ist ein bewussterer Einkauf tierischer Lebensmittel unabdingbar. Die Achtsamkeit bei Kaufentscheidungen sowie die Qualität sind auch wie bei allen anderen Lebensmitteln von entscheidender Bedeutung.

• Fette und Öle

Verschiedene pflanzliche Öle/Fette sollten sparsam dennoch täglich über die Nahrung zugeführt werden. Hochwertige kaltgepresste Öle wie Rapsöl, Olivenöl, Weizenkeimöl (einfach ungesättigte Fettsäuren) Leinöl, Walnussöl, Hanföl (Essentielle Öle) können abwechselnd für Salate verwendet werden. Auch Nüsse und Avocados sind Lebensmittel, die reichlich gesunde Fettsäuren enthalten und können daher in den täglichen Speiseplan mit eingebaut werden.

Fettes, Süßes und Salziges

An der Spitze der Pyramide stehen die fettigen, süßen und salzigen Nahrungsmittel. Nach heutigem Wissensstand essen viele Menschen häufig zu süß, fettig und salzig. Große sowie einseitige Mengen einer ungünstigen Ernährungsweise führt auf langer Sicht zu chronischen Krankheiten bzw. Volkskrankheiten. Die Folge: Übergewicht, Adipositas, Bluthochdruck, Diabetes mellitus Typ2, Koronare Herzkrankheit, Arteriosklerose.
Schokolade, energiereiche Getränke (z.B. Limonaden), Kuchen und Pommes sind reine Genussmittel (siehe Abbildung 8) und sollten nur in Maßen verzehrt werden. Auf ein Stück Kuchen und/oder ein Eis brauch dennoch nicht verzichtet werden. Alle genannten Produkte sind Balsam für die Seele. Mit Bedacht verzehrt, können diese ohne Bedenken und mit voller Freude bewusst genossen werden.

Vollwertig essen und trinken nach den

10 Regeln der DGE

Vollwertig essen hält gesund, fördert Leistung und Wohlbefinden und unterstützt einen nachhaltigen Ernährungsstil. Die Deutsche Gesellschaft für Ernährung hat auf der Basis aktueller wissenschaftlicher Erkenntnisse 10 Regeln formuliert, die Ihnen helfen, genussvoll und gesund erhaltend zu essen.

1 Die Lebensmittelvielfalt genießen

Vollwertiges Essen und Trinken beinhaltet eine abwechslungsreiche Auswahl, angemessene Menge und Kombination nährstoffreicher und energiearmer Lebensmittel. Wählen Sie überwiegend pflanzliche Lebensmittel. Diese haben eine gesundheitsfördernde Wirkung und unterstützen eine nachhaltige Ernährungsweise.

2 Reichlich Getreideprodukte sowie Kartoffeln

Brot, Getreideflocken, Nudeln, Reis, am besten aus Vollkorn, sowie Kartoffeln enthalten reichlich Vitamine, Mineralstoffe sowie Ballaststoffe und sekundäre Pflanzenstoffe. Verzehren Sie diese Lebensmittel mit möglichst fettarmen Zutaten. Mindestens 30 Gramm Ballaststoffe, vor allem aus Vollkornprodukten, sollten es täglich sein. Eine hohe Zufuhr senkt die Risiken für verschiedene ernährungsmitbedingte Krankheiten.

3 Gemüse und Obst – Nimm „5 am Tag"

Genießen Sie 5 Portionen Gemüse und Obst am Tag, möglichst frisch, nur kurz gegart oder gelegentlich auch als Saft oder Smoothie – zu jeder Hauptmahlzeit und als Zwischenmahlzeit: Damit werden Sie reichlich mit Vitaminen, Mineralstoffen sowie Ballaststoffen und sekundären Pflanzenstoffen versorgt und verringern das Risiko für ernährungsmitbedingte Krankheiten. Bevorzugen Sie saisonale Produkte.

4 Milch- und Milchprodukte täglich, Fisch ein- bis zweimal in der Woche, Fleisch, Wurstwaren sowie Eier in Maßen

Diese Lebensmittel enthalten wertvolle Nährstoffe, wie z. B. Calcium in Milch, Jod, Selen und n-3 Fettsäuren in Seefisch. Entscheiden Sie sich bei Fisch für Produkte mit anerkannt nachhaltiger Herkunft. Im Rahmen einer vollwertigen Ernährung sollten Sie nicht mehr als 300 – 600 g Fleisch und Wurst pro Woche essen. Fleisch ist Lieferant von Mineralstoffen und Vitaminen (B_1, B_6 und B_{12}). Weißes Fleisch (Geflügel) ist unter gesundheitlichen Gesichtspunkten günstiger zu bewerten als rotes Fleisch (Rind, Schwein). Bevorzugen Sie fettarme Produkte, vor allem bei Fleischerzeugnissen und Milchprodukten.

5 Wenig Fett und fettreiche Lebensmittel

Fett liefert lebensnotwendige (essenzielle) Fettsäuren und fetthaltige Lebensmittel enthalten auch fettlösliche Vitamine. Da es besonders energiereich ist, kann die gesteigerte Zufuhr von Nahrungsfett die Entstehung von Übergewicht fördern. Zu viele gesättigte Fettsäuren erhöhen das Risiko für Fettstoffwechselstörungen, mit der möglichen Folge von Herz-Kreislauf-Krankheiten. Bevorzugen Sie pflanzliche Öle und Fette (z. B. Raps- und Sojaöl und daraus hergestellte Streichfette). Achten Sie auf unsichtbares Fett, das in Fleischerzeugnissen, Milchprodukten, Gebäck und Süßwaren sowie in Fast-Food und Fertigprodukten meist enthalten ist. Insgesamt 60 – 80 Gramm Fett pro Tag reichen aus.

6 Zucker und Salz in Maßen

Verzehren Sie Zucker und Lebensmittel bzw. Getränke, die mit verschiedenen Zuckerarten (z. B. Glucosesirup) hergestellt wurden, nur gelegentlich. Würzen Sie kreativ mit Kräutern und Gewürzen und wenig Salz. Wenn Sie Salz verwenden, dann angereichert mit Jod und Fluorid.

7 Reichlich Flüssigkeit

Wasser ist lebensnotwendig. Trinken Sie rund 1,5 Liter Flüssigkeit jeden Tag. Bevorzugen Sie Wasser – ohne oder mit Kohlensäure – und energiearme Getränke. Trinken Sie zuckergesüßte Getränke nur selten. Diese sind energiereich und können bei gesteigerter Zufuhr die Entstehung von Übergewicht fördern. Alkoholische Getränke sollten wegen der damit verbundenen gesundheitlichen Risiken nur gelegentlich und nur in kleinen Mengen konsumiert werden.

8 Schonend zubereiten

Garen Sie die Lebensmittel bei möglichst niedrigen Temperaturen, soweit es geht kurz, mit wenig Wasser und wenig Fett – das erhält den natürlichen Geschmack, schont die Nährstoffe und verhindert die Bildung schädlicher Verbindungen. Verwenden Sie möglichst frische Zutaten. So reduzieren Sie überflüssige Verpackungsabfälle.

9 Sich Zeit nehmen und genießen

Gönnen Sie sich eine Pause für Ihre Mahlzeiten und essen Sie nicht nebenbei. Lassen Sie sich Zeit, das fördert Ihr Sättigungsempfinden.

10 Auf das Gewicht achten und in Bewegung bleiben

Vollwertige Ernährung, viel körperliche Bewegung und Sport (30 – 60 Minuten pro Tag) gehören zusammen und helfen Ihnen dabei, Ihr Gewicht zu regulieren. Gehen Sie zum Beispiel öfter einmal zu Fuß oder fahren Sie mit dem Fahrrad. Das schont auch die Umwelt und fördert Ihre Gesundheit.

Art.-Nr. 122402, 9. Auflage © 2013

www.dge.de

Die derzeitige globale Lebensmittelproduktion, gekennzeichnet durch nicht nachhaltige Prozesse und ernährungsphysiologisch ungünstige Produkte, ist die größte von Menschen verursachte Belastung für Ökosysteme. Vor dem Hintergrund aktueller Ernährungsgewohnheiten und des prognostizierten Bevölkerungswachstums auf rund 10 Mrd. Menschen 2050 wird sich die globale Last chronischer ernährungsmitbedingter Krankheiten voraussichtlich verschlimmern und die Auswirkungen der Lebensmittelproduktion werden die Stabilität des Ökosystems der Erde schwächen. Ein globaler Ernährungswandel ist notwendig, um die SDGs (Ziele für nachhaltige Entwicklung – S***ubstainable Development Goals***) der UN zu erreichen. Gesunde Ernährung aus nachhaltige.

Ernährungssystemen für alle Menschen erfordert grundlegende Veränderungen hin zu gesundheitsfördernden Ernährungsgewohnheiten, eine starke Verminderung von Lebensmittelverlusten und –verschwendung sowie wesentliche Verbesserungen der Produktionsverfahren für Lebensmittel.

FBDG (Grundlagen bestehender nationaler lebensmittelbezogener Ernährungsempfehlungen – **food-based dietary guidelines**) sind nicht nur Grundlage für Maßnahmen der Ernährungsbildung und –aufklärung, sie sollen auch eine Grundlage für die Ausrichtung und Entscheidungen der Ernährungs-, Gesundheits – und Agrarpolitik sein. Eine Analyse der Konzepte europäischer FBDG hat ergeben, dass bisher

nur in drei nationalen FBGDs die Nachhaltigkeit der Ableitung berücksichtigt wurde.
Die von der DGE herausgegeben lebensmittelbezogenen Ernährungsempfehlungen (10 Regeln der DGE, DGE-Ernährungskreis und Dreidimensionale DGE-Lebensmittelpyramide) werden auf Basis der Referenzwerte für die Nährstoffzufuhr und ihre Umsetzung in Deutschland sowie evidenzbasierter Erkenntnisse zur Prävention ernährungsmitbedingter Krankheiten durch Nährstoffe bzw. Lebensmittel abgeleitet und überprüft. Wie aktuelle Beiträge zeigen, sind die DGE-Ernährungsempfehlungen durch internationale Bewertungen geschützt und sowohl mit präventiven Aspekten in Bezug auf die menschliche Gesundheit als auch mit Aspekten der ökologischen Nachhaltigkeit vereinbar.

Was sind Referenzwerte & wofür werden sie für die Nährstoffzufuhr gebraucht?

Die Referenzwerte für die Nährstoffzufuhr benennen Mengen für die tägliche Zufuhr von Energie und Nährstoffen. Eingeschlossen sind Wasser, Ballaststoffe und Alkohol.

Die Umsetzung der Referenzwerte für die Nährstoffzufuhr soll einen Beitrag zur Erhaltung und Förderung der Gesundheit und der Lebensqualität leisten. Bei nahezu allen gesunden Personen der Bevölkerung soll sie die lebenswichtigen metabolischen, physischen und psychischen Funktionen sicherstellen und vor ernährungsbedingten Gesundheitsschäden schützen. Dazu gehört, nährstoffspezifische Mangelkrankheiten (z. B. Rachitis, Skorbut) und Mangelsymptome (z. B. Hautentzündungen) zu verhüten sowie eine Über- bzw. Unterversorgung zu vermeiden. Darüber hinaus werden ggf. weitere präventive Wirkungen erzielt sowie Körperreserven angelegt, die kurzfristig eintretende Bedarfssteigerungen überbrücken können.

Je nach wissenschaftlicher Datenlage und physiologischer Rolle werden Referenzwerte als empfohlene Zufuhr, als Schätzwert oder als Richtwert ausgesprochen. Demzufolge haben empfohlene Zufuhr, Schätzwert und Richtwert eine unterschiedliche Aussagekraft.

Gelten die Referenzwerte nur für spezifische Personengruppen?

Die Referenzwerte gelten für Gesunde. Sie beziehen sich nicht auf die Versorgung von Kranken und Rekonvaleszenten. Sie sind auch, mit Ausnahme von Jod, nicht ausreichend, um bei Personen mit einem Nährstoffmangel entleerte Speicher wiederaufzufüllen. Sie gelten auch nicht für durch Genussmittel (z. B. chronisch erhöhter Alkoholkonsum) oder eine regelmäßige Medikamenteneinnahme belastete Personen. Diese Personenkreise bedürfen der individuellen ernährungsmedizinischen Beratung und Betreuung.

Muss der Verbraucher täglich auf vollständig angepasste Referenzwerte achten?

Die Referenzwerte müssen nicht an jedem einzelnen Tag und erst recht nicht anteilig durch eine einzelne Mahlzeit erreicht werden. Es reicht aus, die Vorgaben im Durchschnitt einer Woche zu erreichen. Wegen der Abnahme der Absorptionsrate bestimmter Nährstoffe bei zunehmender Dosierung sollte die Zufuhr möglichst gleichmäßig und nicht in wenigen, hohen Dosen, wie z. B. mit angereicherten Lebensmitteln oder in einer einzigen Mahlzeit erfolgen. Ein „überscharfes" Rechnen mit den Referenzwerten sollte ohnehin vermieden werden. Dies gilt insbesondere für die Unterschiede bei aufeinanderfolgenden Altersgruppen oder zwischen männlichen und weiblichen Personen. Die Einflüsse von Lebensmittelkombinationen, Mahlzeiten, Genussmitteln und Arzneimitteln auf die Absorption und den Stoffwechsel bestimmter Nährstoffe können größer sein als die Unterschiede zwischen den Zufuhrmengen für die zuvor genannten Gruppen.

Mit dem Anspruch der absoluten Richtigkeit ist die Beurteilung bzw. Planung einer bedarfsdeckenden

Ernährung von Einzelpersonen mit den Referenzwerten nicht möglich, da der individuelle Bedarf nicht bekannt ist. Für die individuelle Ernährungsberatung können die Referenzwerte jedoch als Orientierung verwendet werden.

Unterschiede zwischen Schätzwert und Richtwert

Bei einigen Nährstoffen kann der Bedarf des Menschen nicht mit der wünschenswerten Genauigkeit bestimmt werden bzw. es liegen keine Angaben zum durchschnittlichen Bedarf vor. In diesen Fällen kann keine empfohlene Zufuhr abgeleitet werden, sondern es werden Schätzwerte abgeleitet. Schätzwerte basieren in der Regel auf einer beobachteten, aus dem Verzehr Gesunder abgeleiteten oder experimentell ermittelten Nährstoffzufuhr einer definierten Bevölkerungsgruppe. Dabei liegen noch Unsicherheiten z. B. aufgrund von Schwankungen der Messwerte oder zu wenigen (geeigneten) Ergebnissen von Untersuchungen am Menschen vor. Die Schätzwerte geben jedoch gute Hinweise auf eine angemessene und gesundheitlich unbedenkliche Zufuhr. Schätzwerte werden z. B. für n-3 Fettsäuren, Vitamin E und Vitamin K angegeben.

Richtwerte werden für Nährstoffe ausgesprochen, die für den Organismus nicht lebensnotwendig sind und für die daher kein Bedarf besteht. Sie werden aber auch ausgesprochen, wenn zwar ein Bedarf besteht, dieser aber in Abhängigkeit von zahlreichen Einflussfaktoren (z. B. Lebensstil, Beruf) sehr stark variiert, wie z. B. der Energiebedarf. Richtwerte geben aus ernährungsphysiologischer Sicht wünschenswerte Bereiche oder Werte an und dienen als Orientierungshilfe. Beispielsweise gibt es für Wasser, Fluorid und Ballaststoffe eine Begrenzung nach unten, für Fett, Cholesterol und Alkohol eine Begrenzung nach oben.

8 Biolebensmittel – Gesundheitlicher Gewinn für den Verbraucher?

Pestizidrückstände & Co. im Ökolandbau

Rückstände von Pflanzenschutzmitteln stellen die Ökobranche immer wieder vor Probleme. Immer mehr Studien weisen auf eine ubiquitäre Belastung der Umwelt mit Pflanzenschutzmitteln hin. Ist es also überhaupt noch möglich komplett rückstandsfreie Ware zu erzeugen?

Im Jahr 2019 sind 650 verschiedene Wirkstoffe als chemisch-synthetische Pflanzenschutzmitteln in Deutschland zugelassen. Gesetzlich gelten nach den EU-Rechtsvorschriften für den ökologischen Landbau die gleichen Grenzwerte für Rückstände von Pflanzenschutzmitteln wie für die konventionelle Lebensmittelwirtschaft. Häufig werden jedoch in privatrechtlichen Lieferverträgen Orientierungswerte ausgehandelt, was Lebensmittel verarbeitende Unternehmen zunehmend vor Herausforderungen stellt. Denn innerhalb der Wertschöpfungskette entstehen bei Nichteinhaltung und durch zusätzliche aufwendige Warenüberprüfungen hohe Kosten. Zudem wird das ohnehin schon knappe Rohstoffangebot dadurch verschärft.

In den EU-Rechtsvorschriften für den ökologischen Landbau ist der Begriff "Anwesenheit" von unerlaubten Stoffen nicht weiter definiert. Erst wenn chemisch-physikalische Nachweismethoden Rückstände finden, kann von einem nachweisbar kontaminierten Lebensmittel gesprochen werden.

Es gibt bereits Länder, die für einzelne Stoffe einen Grenzwert eingeführt haben, der eine Hintergrundbelastung mit einberechnet. So gilt in den USA zum Beispiel ein Grenzwert von 0,05 Milligramm je Kilogramm für Glyphosat, da die Hintergrundbelastung mit Glyphosat dort inzwischen so hoch ist, dass ein Wert unterhalb dieser Grenze auch ohne aktive Anwendung des Mittels kaum erreicht werden kann. In Europa gibt es eine solche Regelung aktuell jedoch nicht. Hier gilt, dass bei jedem Befund im Einzelfall untersucht werden muss, ob ein Verstoß gegen die Verordnung vorliegt.

Auf die Problematik der dauerhaften Belastung der Natur durch Pflanzenschutzmittel sowie der Belastung von ökologischen Flächen durch konventionellen Landwirtschaftsmethoden, möchte auch das Bündnis für eine enkeltaugliche Landwirtschaft e.V. aufmerksam machen und hat deshalb eine Studie dazu in Auftrag gegeben. Die von 2014 bis 2018 durch TIEM – Integrierte Umweltüberwachung GbR durchgeführte Studie "Biomonitoring der Pestizid-Belastung der Luft" untersuchte an 47 verschiedenen Standorten in Deutschland auf Pflanzenschutzmittelrückstände und wies über 100 Wirkstoffe nach. Egal, ob die Messstation in einer landwirtschaftlichen Region, einem Naturschutzgebiet oder einer Großstadt stand. Zur Erfassung einer Immissionsbelastung der Wirkstoffe wurde das Luftgüte-Rindenmonitoring eingesetzt. Bei dem Verfahren werden Probenahmen der äußeren Rinde von Bäumen genommen.

Der in der Studie am häufigsten und mit den höchsten Konzentrationen gefundene Wirkstoff war Pendimethalin. Der Anbauverband Bioland verlangt bereits ein Verbot von Pflanzenschutzmitteln mit diesem Wirkstoff, da biologisch betriebene Felder damit oft kontaminiert werden, was zu aufwendigen Untersuchungen und ökonomischen Schäden für den Betrieb führt. Dichlordiphenyltrichlorethan (DDT) erzielte die zweithöchste Konzentration an Rückständen in der Studie, obwohl dieses seit dem Jahr 1972 in Deutschland verboten ist. Und auch Glyphosat wurde an den Messstationen häufig gefunden.

Unternehmen, die direkten Kontakt mit Verbraucherinnen und Verbrauchern haben, können hier ausführliche Informationsarbeit leisten. Die Vermeidung von Pflanzenschutzmittelrückständen ist laut Ökobarometer 2018 für Verbraucherinnen und Verbraucher der wichtigste Aspekt beim Kauf von Biolebensmitteln. Dass dies nicht zwangsweise bedeutet, dass Bio immer gleich rückstandsfrei ist, gilt es mit gut aufbereiteten Informationen zu vermitteln.

Tiergesundheit mit Langzeiteffekt – Berechtigte Zweifel gegenüber einer artgerechten Tierhaltung?

Frisches Gras für die Kühe, freier Auslauf für die Hühner: Tieren auf Biohöfen geht es besonders gut – so die Vorstellung vieler Menschen. Doch auch Bio-Betriebe kämpfen oftmals mit Krankheiten ihrer Rinder, Schweine und Hühner – die zum Teil vermeidbar wären.

Beschaulich geht es im Melkstand der Domäne Fredeburg zu. Eine schwarzbunte Holstein-Frisian-Kuh verlässt frisch gemolken das Gatter, die nächste rückt nach, angelockt von einer speziellen Getreidemischung: „Das Kraftfutter kriegen sie bei uns im Melkstand; und auch nur ganz wenig; eigentlich nur, um die Tiere in ihrer Hochleistungsphase direkt nach dem Kalben ein klein bisschen zu unterstützen. Unser Ziel ist, die Milch, die wir ermelken, schon hauptsächlich aus dem Grundfutter zu melken. Weil das einfach auch eine der Kuh angemessene Fütterung ist."

Florian Gleißner betreut die Rinder der Domäne Fredeburg, einem rund 160 Hektar großen Bio-Betrieb, südlich von Ratzeburg in Schleswig-Holstein. Der Vorzeige-Hof des Demeter-Verbandes ist über die Landesgrenzen hinaus bekannt für seine gut geführte Tierhaltung. Jedes Jahr im April, spätestens Anfang Mai kommen die 35 Kühe mit ihren Kälbern raus aus dem Stall, rauf auf die Weide: „Im Sommerhalbjahr machen wir eine 100-prozentige Weidefütterung. Das heißt, die

Kühe holen sich wirklich jeden Halm selbst; und kommen nur noch zum Melken einmal kurz hier auf den Hof und gehen gleich nach dem Melken wieder raus auf die Weide."

Der Tierarzt und Agrarwissenschaftler Albert Sundrum ist Professor für Tierernährung und Tiergesundheit am Fachbereich Ökologische Landwirtschaft der Universität Kassel in Witzenhausen. Der Forscher kritisiert: Nicht immer bekommen die hoch gezüchteten Milchkühe auf der Weide das, was sie brauchen. Und dann müsse der Bauer wohldosiert zufüttern, so wie in der Domäne Fredeburg. Sonst leide die Gesundheit der Kuh:

„Ich bin eindeutig dagegen, nur dadurch, dass die Tiere auf der Weide sind, die Milch als qualitativ hochwertig zu bezeichnen. Weil wir doch auch zu viele Betriebe sehen, die die Weideführung nicht in dem Maße praktizieren wie das erforderlich ist. Also, auch hier gilt: Nicht die Weide ist per se gut, sondern es ist dann gut, wenn der Landwirt es schafft, die Weide so zu nutzen, dass es den Tieren gut geht. Also, maßgeblich ist am Ende, wie die Tiere mit dieser Situation klar kommen."

Gutes „Management" des Landwirtes ist also wichtig, im Stall und auf der Weide. Und dieses Management definiert sich über die Sachkenntnis und das Engagement des Tierhalters und seiner Mitarbeiter. Daran hapert es häufig: Gesundheitsprobleme in der Milchviehhaltung sind weit verbreitet: Euter entzündet, Gebärmutter krank, Klauen voller

Geschwüre – damit haben nicht nur konventionelle Landwirte zu kämpfen, sondern auch viele Öko-Bauern.

Albert Sundrum hat dies wiederholt belegen können, zuletzt in einer europaweiten Studie, gemeinsam mit Forschern aus Schweden, Spanien, Frankreich, Großbritannien, Deutschland und den Niederlanden. Vielleicht sind Europas Biokühe glücklicher, aber gesünder sind viele von ihnen deswegen noch lange nicht: „Ich habe Probleme mit dem Begriff ‚glücklich'. Die Tiere haben aufgrund größerer Stallraum-Zumessungen und auch Auslauf und Weidehaltung, die ja auch dann deutlich mehr praktiziert wird, mehr Möglichkeiten, ihr arteigenes Verhalten auszuagieren; aber die Krankheitssituation ist ja für das Wohlbefinden viel gravierender. Also eine entsprechende Erkrankung ist immer eine unmittelbare Störung des Wohlbefindens; und deswegen muss den Erkrankungen eine viel größere Bedeutung beigemessen werden als den Haltungsbedingungen."
Artgerecht gehalten, trotzdem krank. Vordergründig ein Widerspruch, dessen Wurzeln Jahrzehnte zurückreichen: „Weil wir alle – in der Tiermedizin, in der Landwirtschaft – Ende der 80er-, Anfang der 90er-Jahre dachten: Wenn wir die formalen Haltungsbedingungen verbessern für die Tiere, wenn wir ihnen mehr Platz geben und sie raus lassen und dann die Einstreugeschichte regeln, werden die Tiere

automatisch gesünder sein. Und heute wissen wir, so traurig es ist: Dem ist nicht automatisch so."

Ökologische Tierhaltung ist kein Selbstläufer – weder bei Rindern, noch bei Schweinen oder Geflügel, hat Matthias Wolfschmidt, Geschäftsführer von „Foodwatch", festgestellt.
Matthias Wolfschmidt ist Geschäftsführer von „Foodwatch", einer Verbraucherschutzorganisation mit Sitz in Berlin. Der Tierarzt hat bei der Auswertung internationaler Studien immer wieder feststellen müssen, dass die ökologische Tierhaltung kein Selbstläufer ist – weder bei Rindern, noch bei Schweinen oder Geflügel.
Den Tieren gehe es – so sein Fazit – in vielen ökologisch orientierten Betrieben mindestens genauso schlecht wie in schlecht geführten konventionellen Betrieben. Und umgekehrt gelinge es auch so manchem Vertreter der viel gescholtenen Massentierhaltung, die Tiere auf einem erstaunlich hohen gesundheitlichen Niveau zu halten – obwohl dort die formalen Haltungsbedingungen deutlich schlechter sind.

Vollständige und verpflichtende Fleischkennzeichnung für Nutztiere

„Gut", „Sehr gut", „Premium" – so will Bundeslandwirtschaftsministerin Klöckner die drei Stufen ihres Tierwohllabels zukünftig ausloben. „Gut ist am Tierwohllabel nichts", findet Jan Plagge, Präsident Bioland e. V. „Das haben jetzt auch SPD und Teile der CSU erkannt und die Notbremse gezogen. Denn Klöckners Labelkonzept ist ein kompliziertes System mit vielen Kriterien, bietet aber wenig Tierwohl. Zudem grenzt es Ökobetriebe aus und soll freiwillig sein. Eine Verbesserung für das Leben der Nutztiere ist durch das Tierwohllabel in der jetzigen Form nicht gegeben."

Sollte Ministerin Klöckner ihre Labelvorschläge mit der Brechstange durchsetzen, zementiert sie den Status quo von Vollspaltenböden in der Schweinemast und verhindert Investitionen in den Umbau zu artgerechten Stallsystemen. „Den Verbrauchern werden bessere Haltungsbedingungen vorgegaukelt, als sie tatsächlich in den Ställen vorherrschen", sagt Gerald Wehde, Leiter der Agrarpolitik bei Bioland. Sogar das Schwänzekupieren der Schweine ist in der Einstiegsstufe des Labels weiterhin erlaubt – obwohl es nach den Vorgaben der EU seit über 10 Jahren verboten ist. Auch der vielfach kritisierte Kastenstand für säugende Sauen ist weiterhin erlaubt. „Betrieben dann noch eine Prämie für die Einstiegsstufe zu zahlen, in der gegen geltendes EU-Recht verstoßen wird, ist eine Farce", findet Wehde. Zusätzlich fließen 70

Millionen Euro in eine Marketing-Kampagne. „Statt Unmengen Steuergelder zu verschleudern, sollten Betriebe gezielt unterstützt werden, die deutlich etwas für das Tierwohl tun und ihren Tieren genug Platz und Auslauf bieten – so wie Bio-Betriebe."

Notwendig ist eine vollständige und verpflichtende Fleischkennzeichnung analog der bewährten Kennzeichnung von Konsum-Eiern in vier Stufen: 0 (Bio) und 1, 2, 3 (gesetzlicher Standard). Dabei muss die höchste Stufe der Kennzeichnung ökologisch produziertem Fleisch vorbehalten sein. „Es ist zu hoffen, dass Ministerin Klöckner Einsicht zeigt und die Kritik von Verbrauchern, Landwirtschaft und auch der Politik ernst nimmt", sagt Plagge. „Höhere Anforderungen bei den Tierwohlkriterien und der Verzicht auf Freiwilligkeit sollten Eingang in ein Label finden, dass den Begriff ‚Tierwohl' nicht vollkommen ad absurdum führt. Denn Tierwohl ist nicht optional, sondern Grundbedingung für eine ethische und verantwortungsvolle Landwirtschaft," so Plagge.

Meiner Meinung nach sollte die Transparenz, wie sie im Biolebensmittelsektor mit einer Selbstverständlichkeit dargelegt wird, für alle Lebensmittel verpflichtend gelten. Ein Anreiz/ staatliche Regelung müsse her, um konventionelle Landwirtschaftsbetriebe zum Umdenken zu bringen/zwingen. Sozusagen eine „Substitution" im Sinne der Gesundheit und der Umwelt. Ernährungs-

sowie Landwirtschaftskompetenzen müssen wieder neu geschult bzw. aufgefrischt werden. Bauern sollten in den ersten Monaten an die Hand genommen, kompetent beraten und bei etwaiger Verunsicherung im Ökolandbau zahlreiche Hilfestellungen erhalten. Dabei spielt auch eine gute Vernetzung unter den Bauern selbst eine entscheidende Rolle, um u.a. Erfahrungen auszutauschen. Um den besagten Umbruch von konventioneller Landwirtschaft hin zu ökologischer Bewirtschaftung in eine positive Richtung zu steuern, müsse die Politik mit aufrichtiger Evidenz gesetzlich verankerte Regeln festlegen, die ganz im Sinne des gesundheitsbewussten Verbrauchers stehen. Die Produktionsmethoden des Biolandbaus sind darauf ausgelegt, rückstandsfreie Lebensmittel herzustellen. Dennoch ist nicht auszuschließen, dass auch in Bioprodukten Spuren von Rückständen gefunden werden. Zugesetzte Schadstoffe, so wie sie in konventionellen Betrieben Anwendung finden, werden diesbezüglich im Biolandbau keinerlei bewusste Giftstoffe eingebracht. Um die Schadstoffübertragung auf Biolebensmittel zukünftig zu verhindern, ganzheitliche Co^2 Emissionen zu verringern, Tiere, Wasser, Wald und somit auch den Mensch zu schützen, muss die Politik, Lobbisten, Händler und Verbraucher wach gerüttelt werden. Die Gesundheit ist keine Einbahnstraße. Sie sollte geachtet und gepflegt werden bevor die Menschheit alles was die Natur hervorbrachte verliert. Gewinnorientierte Wirtschaft auf ökologischer Ebene ist ebenso denkbar und realistisch wie im konventionellen Bereich. Mehr Mut zur Veränderung und globaler Zusammenhalt kann ganzheitliche Gesundheit aller Individuen bedeuten.

Abschließende Äußerung zum Gesundheitswert ökologischer Lebensmittel:

Gesunde Biolebensmittel sind nicht nur Wunschdenken der Verbraucherinnen und Verbraucher. Tatsächlich gibt es zahlreiche Studien, die die hohe Produktqualität ökologisch erzeugter Rohwaren eindeutig belegen. Ein höherer Trockenmassegehalt, weniger wertmindernde Inhaltsstoffe (beispielsweise Nitrat) und weniger Pestizidrückstände. Teilweise kann ein höherer Vitamingehalt, mehr sekundäre Pflanzenstoffe und ein höherer Anteil der guten Fette nachgewiesen werden – so der BLE (Bundesanstalt für Landwirtschaft und Ernährung).

9 Schlüsselaufgabe Ernährungspsychologie

Die letzten Jahre sind gekennzeichnet durch die Adipositasprävalenz. Ob berechtigt oder unberechtigt, nagen an den Ernährungsexperten Zweifel, ob die Arbeit, die sie leisten, erfolgreich ist. Werden evtl. die Ernährungskommunikation und –psychologie in der Beratung zu wenig berücksichtigt und der Fokus zu sehr auf die Beratungsinhalte und nicht ausreichend auf Vermittlung derselben gelegt?

Was wird unter Ernährungspsychologie verstanden?

Die Ernährungspsychologie stellt eine Verbindung zwischen Ernährungswissenschaft und Psychologie dar. Die Ernährungswissenschaft weiß mittlerweile, wie sich der Mensch ernähren soll, jedoch steigt die Prävalenz für Übergewicht/Adipositas und ernährungsmitbedingte Erkrankungen stetig an. Denn der Mensch isst bekanntlich anders, als er sich ernähren sollte. Ziele der Ernährungspsychologie sind deshalb, das Essverhalten noch genauer zu verstehen und Modelle für ein besseres Ernährungsverhalten zu entwickeln. Ein Thema der Ernährungspsychologie ist die Erforschung von Genuss. Denn häufig verführt der zu erwartende Genuss zum Essen – nicht physiologisch bedingter Hunger oder das Ernährungswissen. Genuss bringt aber auch viele positive Aspekte, wie die Aufrechterhaltung einer positiven Stimmung und seelischen Balance, Schutz vor Stress im Alltag und potenzielle Erhöhung der Lebensqualität. Physiologisch kann Genussempfinden über Geschmacks- und Geruchszellen in Mund und Nase, sogenannte physikalisch-chemische Sensoren, hervorgerufen werden. In der Folge kann es zu einer vermehrten Ausschüttung von **ACTH,** (- ein von der Hypophyse abgegebenes Hormon, das unter anderem die Corticoid-Abgabe durch die Nebennieren steuert) **Dopamin** sowie der Aktivierung des Belohnungszentrums im Gehirn kommen. Außerdem sind physikalische Komponenten der Speise bedeutsam, etwa Temperatur und Textur. Das finale Genussempfinden beinhaltet zudem psychologische Komponenten, wie Atmosphäre oder soziale Interaktionen, und psychologische Voraussetzungen, wie Zeit oder Bewusstheit. Das Erlernen und Erleben von kulinarischem Genuss wird daher von Ernährungsfachgesellschaften als wichtiger Bestandteil einer gesunderhaltenden Ernährung.

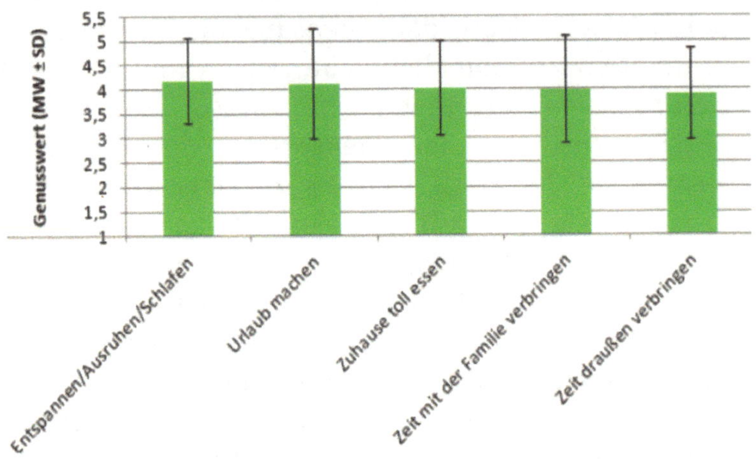

Laut einer in Deutschland durchgeführten Studie zum Thema Genuss wird dem Essen im Lebensalltag ein hoher Genuss-Stellenwert zugesprochen, der knapp hinter „Ausruhen" und „Urlaub machen", aber vor „Zeit mit der Familie" und „Zeit draußen verbringen" rangiert. Für genussvolles Essen sind guter Geschmack und Zeit mit Abstand am wichtigsten, weit vor der konkreten Speise selbst.

Wichtig für genussvolles Essen ...

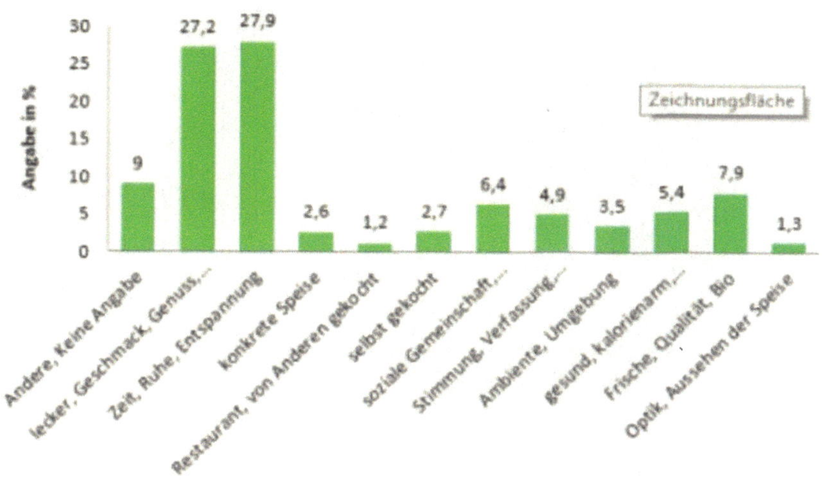

Rund 80 % der Deutschen schätzen sich als Genießer ein. Genießer haben eine höhere Lebenszufriedenheit und ein höheres Wohlbefinden als Nicht-Genießer. Zudem ist die Fähigkeit zum Genießen unabhängig vom BMI. Genusstrainings haben somit Potenzial sowohl für eine gesundherhaltende Ernährung als auch in der Prävention und Therapie von Übergewicht bzw. Adipositas

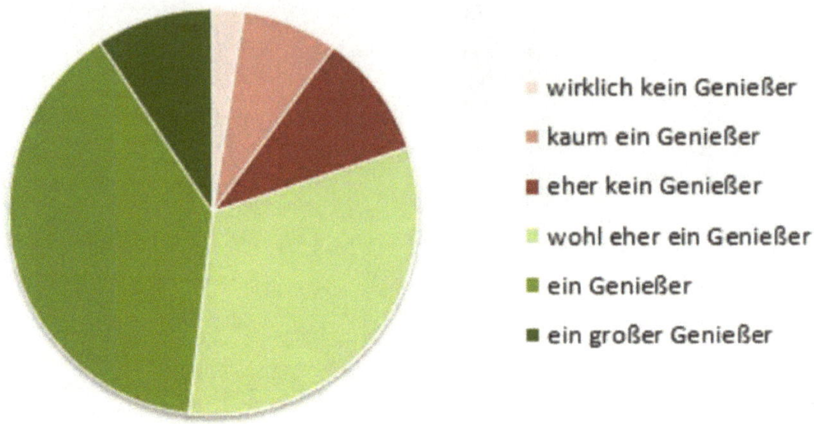
Selbsteinschätzung als Genießer
wirklich kein Genießer
kaum ein Genießer
eher kein Genießer
wohl eher ein Genießer
ein Genießer
ein großer Genießer

Die "Kopfstimme" – Hauptakteur für ein gesundes Essverhalten

Das Belohnungssystem befindet sich im Gehirn und steuert von dort aus Emotionen und Motivationen. Aktiviert wird es durch bestimmte Aktivitäten wie Essen, Trinken, Sex, Drogen oder drogenähnliche Substanzen wie Tabakerzeugnisse, Schmerzmittel, Schnüffelstoffe, Schlaf- und Beruhigungsmittel. Aber auch gängige Alltagsdrogen wie Kaffee und spezielle Teesorten fallen darunter.

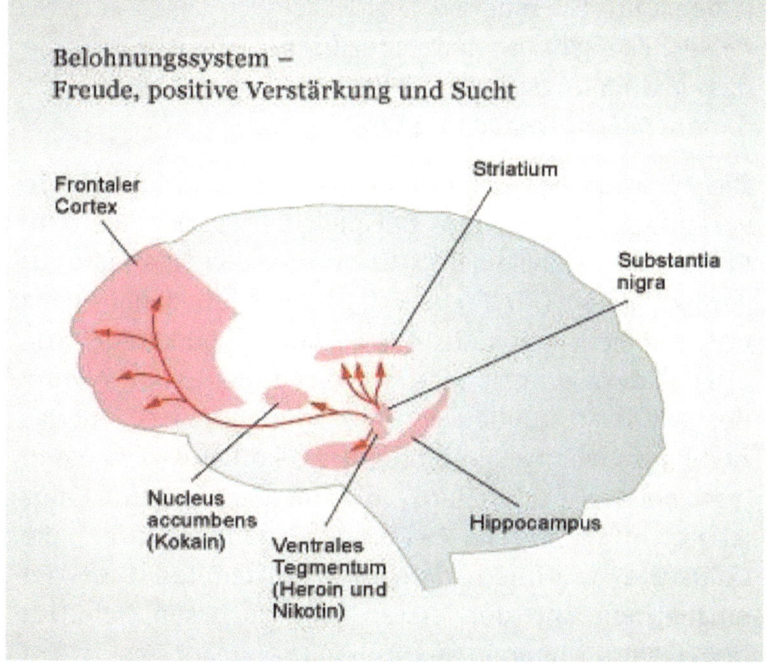

Nach dem Essen rundum glücklich und zufrieden sein - das liegt vor allem daran, dass der Körper beim Essen Glückshormone ausschüttet. Diese sorgen dafür, dass derjenige sich in einem momentanen hohen Zufriedenheitszustand befindet und andere Gedankengänge nicht zulässt. Der menschliche Körper lernt sehr schnell und möchte diese Gefühle der Zufriedenheit auf schnellstem Wege erneut erleben und das am besten in Dauerschleife. Einmal diese Gefühlsexplosion erlebt, lernt der Körper daraus und verlangt es immer wieder. Fachjargon: „**Belohnungsassoziiertes Lernen**" - bezeichnet das soeben beschriebene Verhalten. Einige Lebensmittel machen glücklicher als andere. Tatsächlich gibt es ganz spezifische Lebensmittel die das Belohnungssystem besonders ansprechen wie Bananen, Schokolade und Chips.

Die Funktion des Belohnungssystems kann im Grunde vereinfacht durch ein Beispiel dargestellt werden. Chips sind in diesem Fall so ein Beispiel, die jeder zu genüge kennt. Der Tagesverlauf eines jeden sieht ganz unterschiedlich aus. Je nach Appetit denkt der eine oder andere schon mal ganz gerne ans Essen. Alleine der Gedanke zuhause beim TV gucken etwas rustikales, würziges und obendrein knuspriges zu essen lässt die Wahl schmälern - die Entscheidung für Chips ist getroffen. Bereits bei dem Gedanken daran, die Chipstüte zu öffnen, den darin entfalteten Duft tief einzuatmen und den ersten Chip zu essen, schüttet dein Gehirn Dopamin aus. Zuhause angekommen steigt die Vorfreude und das Verlangen nach Chips noch einmal um ein vielfaches (die Belohnung ist greifbar nahe). Der Fernsehabend beginnt dann doch schon „überraschend“ früher als erwartet und die Chips werden mit allen Sinnen genossen. Beim Essen werden sofort Endorphine ausgeschüttet, was für ein Glücksgefühl sorgt. Im Anschluss folgt das bereits erwähnte belohnungsassoziierte Lernen. Das Gehirn lernt, dass Chips glücklich machen - es will mehr davon, was infolge das Ernährungsverhalten langfristig beeinflusst.

Im Übrigen gibt es klare wissenschaftliche Hinweise darauf, dass bei Übergewichtigen die Wirkung der Glückshormone, speziell des Dopaminsystems schwächer ist. Demnach muss wie in diesem Beispiel mehr Chips gegessen werden, um das gleiche Gefühl von Glück und Zufriedenheit zu erreichen. Unkontrollierte Heißhungerattacken sind die Folge.

Mit der Vorstellungskraft das Belohnungssystem positiv beeinflussen

Richtig angewendet kann die Vorstellungskraft eines Menschen Balsam für die Seele darstellen. Sie kann als wichtiger Treiber für die nötige Kraft und Motivation fungieren, um visualisierte Ziele geradlinig anzusteuern und umzusetzen. Nicht nur mit Substanzen wie Essen und Drogen kann das Belohnungssystem aktiviert werden, auch die sensible Vorstellung als solches ist dazu in der Lage.

Musterbeispiel Diät:

Um eine Diät in das gewohnte Essverhalten einzubauen, bracht es grundlegendes Wissen und Verständnis. Hierzulande (Deutschland) ist das Grundverständnis einer Diät anderes angesehen als in anderen Ländern. Schon vor vielen Jahrzehnten bildete sich der Gedanke, dass Hungern die einzig logische Antwort sein müsse um Gewicht zu minimieren. Das Diät nicht mit Hungern in Verbindung gebracht werden kann, müsse trotz heutiger guter medialisierter Ernährungskommunikation, mit weitgehende verbesserte psychische und physische Ernährungskompetenz positiv beeinflusst werden.

→ *Wissenschaftlich fundierte Informationsquellen sowie Anlaufstellen rundum die Ernährung wird ausführlich in* **Kapitel 11** *thematisiert.*

Es gibt Anfänge, die jeder selbst mit eigener Vorstellungskraft richtig umsetzen kann. Im Vorfeld wird die Erwartungshaltung, schnell abzunehmen, auf ein zu hohes Podest gesetzt, sodass Frust und Enttäuschung vorprogrammiert sind. Dieses ungesunde Handeln ist mit einem überhöhten Stresslevel verbunden und kann ernsthafte gesundheitliche Risiken bewirken. Soll bspw. das Ziel 75kg zu wiegen angepeilt werden, kann alleine der Gedanke an das Ziel mit einem Gefühl von Glück und Zufriedenheit verknüpft werden – daraufhin kann auch das Erreichen dieses Ziels (wie oben erwähnt) die erwartete Belohnung sein.

Sobald sich die eigene Vorstellungkraft in ein emotionales Gedankenkino verwandelt und sich daraus zeigt wie glücklich man mit 75kg sein wird, dann steigt die Motivation dieses Ziel zu erreichen ins Unermessliche. Hierbei gilt, je genauer das Ziel visualisiert wird, desto leichter fällt es dem Gehirn dieses Ziel als Belohnung anzuerkennen.

10 Intuitive Ernährung – Ein Modell für die Zukunft?

In der heutigen Gesellschaft wird vielen Menschen vermehrt über zunehmender Medienpräsenz (TV, Internet, Klatschzeitschriften) ein schönes, makelloses Aussehen anschaulich präsentiert. Immer mehr junge Menschen verfallen den Schönheitswahn, womit das Thema Abnehmen mit Abstand Platz 1 der zahlreichen Schönheitsvarianten erreicht. Auch eine Vielzahl von Erwachsenen kennt den Misserfolg einer „erfolgversprechenden Diät“. Misserfolge einer oder mehreren missratenen Versuche schlankmachender Diäten haben zahlreichende Folgen für die Gesundheit. Dauerhafte psychische Schäden wie z.B. Unzufriedenheit mit dem eigenen Körper, Lustlosigkeit, ganzheitliches Unwohlsein, dauerhafter bis chronischer Stress – vor allem körperliche Risiken, die auf Dauer bspw. zu Mangelernährung und Unterversorgungen einzelner Organe führen und infolgedessen körperliche Bewegung einschränken können.
Es ist ein noch junges ”neu” aufgegriffenes mögliches Modell in der ganzheitlichen Ernährung aufgetaucht, dass beschreibt, wie falsch erworbene Essgewohnheiten wieder neu erlernt/antrainiert werden können und wie auf damalige ***Ur-Instinkte*** angeknüpft werden kann. Essen mit Sinn und Verstand – das ist das Ziel der **Intuitiven Ernährung.**

Die Funktionsweise einer Intuitiven Ernährung beschreibt in Folge der nachstehende Beitrag.

Bei keinem Thema sind die Theorien und Meinungen so facettenreich wie bei der Ernährung. Insbesondere beim Abnehmen denken die meisten Menschen an eine Diät mit strengen Ernährungsregeln. Diese Vorschriften bestimmen unser Essverhalten von außen. Oftmals werden dabei die Bedürfnisse des Körpers missachtet, was dazu führt, dass über **90 %** aller Diäten langfristig scheitern. Was vielen Menschen jedoch gar nicht bewusst ist: Es gibt einen ganz anderen Ansatz zum Abnehmen. Intuitives Essen ist das Gegenteil einer Diät. Abnehmwillige kämpfen sich durch zahlreiche Diäten, die von Regeln, einseitigen Ernährungsplänen und Verzicht geprägt sind. Was viele als Lösung ansehen, ist sogar mitverantwortlich für die eigene Unzufriedenheit und die überflüssigen Pfunde. Weniger als 1% aller Frauen schaffen es, langfristig durch eine Diät abzunehmen. Bei einer Diät kann der Stoffwechsel derart herunterfahren, dass man vermehrt Fett einlagert und Heißhungeranfälle bekommt. Neben dem bekannten Jojo-Effekt führen Diäten zu psychischen Schäden, die bis hin zu einem gestörten Essverhalten reichen können. Lebensmittel werden in „gut“ und „böse“ eingeteilt, Schuldgefühle entstehen und die Gedanken kreisen nur noch um das Essen. Medien und gesellschaftliche Idealbilder verstärken diesen Diät- und Schlankheitswahn sogar und tragen zu einem zwanghaften **Essverhalten** bei. Anstatt gegen den eigenen Körper zu arbeiten, besteht beim intuitiven Essen eine enge Zusammenarbeit mit dem Körper. Das bedeutet, dass man bei körperlichem Hunger genussvoll isst und bei körperlicher Sättigung seine Mahlzeit beendet – ohne lästiges **Kalorienzählen** und qualvolles Verzichten. Körperlicher Hunger äußert sich durch körperliche Hungersignale, wie zum Beispiel dem Gefühl eines „leeren Magens", Magenknurren, ein leichtes Schwächegefühl, Konzentrationsproblemen oder leichten Kopfschmerzen. Die Auswahl der Lebensmittel richtet sich nicht nach Vorschriften, sondern nach dem Appetit und dem Gefühl. Es sollte also nicht nur auf Geschmack geachtet werden. Entscheidend ist auch, dass die Lebensmittel dem Körper gut bekommen. Besonders achtsames und genussvolles Essen erleichtert einem das Abnehmen, da man seine **Sättigungssignale** dadurch deutlicher spürt. Denn wer angenehm satt ist, hört auf zu essen und fühlt sich wohl. Diese Entscheidung geschieht für das eigene Wohlbefinden. Intuitive Esser „überessen" sich nicht, sondern reagieren angemessen auf die vom Körper gesendeten Zeichen. Sobald der nächste körperliche Hunger eintritt, kann und soll wieder guten Gewissens gegessen werden. Der Vorteil des intuitiven Essens besteht darin, dass man sein Wohlfühlgewicht auf gesundem Wege erreicht, ein positives und befreites Essverhalten entwickelt und zudem die eigene Lebensqualität und die Genussfähigkeit erhöht. Dabei steht eben nicht nur das Abnehmen im Vordergrund, sondern das eigene Wohlbefinden. Intuitives Essen bedeutet nämlich auch **Freiheit und Genuss.** Das bestätigt Mareike Awe, Expertin für intuitives Essen und Doktorandin der Medizin, die das Online-Programm **„intueat“** entwickelt hat: „Das Konzept des intuitiven Essens lehrt uns, dass Essen etwas Schönes ist und wir kein schlechtes Gewissen haben müssen.“

Beim intuitiven Essen geht es darum, dass jeder wieder lernt, auf seinen Körper zu hören. Man sollte nur essen, wenn man wirklich Hunger hat und beim Sättigungsgefühl aufhören.

Kleinkinder leben uns das unbewusst vor. Sie schreien, wenn sie Hunger haben und sind zufrieden, wenn sie satt sind. Wenn sie genug gegessen haben, dann signalisieren sie dem

Erwachsenen klar, dass es jetzt genug ist. Es geht also viel darum, dass man achtsam mit sich und seinem Körper umgeht. Um die Körpersignale zu deuten und zu spüren, was man gerade an Essen braucht und was lieber nicht auf dem Teller landen sollte.

Mareike hat sich seit Beginn ihres Studiums mit der Thematik auseinandergesetzt und wollte auf Grund ihrer persönlichen Geschichte alles darüber erfahren. Sie hat unzählige Bücher und Studien über diese Art der Ernährung verschlungen und dabei festgestellt, dass die Grundlage zwar logisch, die Umsetzung jedoch nicht so einfach ist. Einer der Gründe, warum uns Menschen eine intuitive Ernährung schwer fällt, sind unsere Gewohnheiten. Natürlich kann man Gewohnheiten verändern, jedoch braucht man dafür ein Verständnis darüber, wie unsere Gewohnheiten entstehen und wie man sie gezielt verändern kann. Für die gezielte Veränderung greift Mareike und somit auch das Programm intueat auf die Methode des mentalen Trainings zurück.

Auf dem Markt gibt es mittlerweile unzählige unterschiedliche Diäten. Jedoch gibt es bereits auch zahlreiche verschiedene Studien, die belegen, dass Diäten auf Dauer nicht funktionieren und Menschen langfristig sogar zunehmen. Je nach Studie wird davon gesprochen, dass bis zu 90% der Diäten nicht erfolgreich sind. Dies hängt von verschiedenen Faktoren ab. Es gibt sowohl körperliche als auch psychische Gründe dafür. Auf körperlicher Ebene geht es bei Diäten darum, dass man hungert und ein Kaloriendefizit herbeiführt. Der Körper möchte jedoch eigentlich intuitiv in Balance bleiben und es kommt daher zu verschiedenen Hormonausschüttungen. Die Folgen: Heißhungerattacken und weniger Sättigungsgefühl. Auf psychischer Ebene sind Diäten eher unwirksam, da man dabei probiert sein Essverhalten rational zu steuern. Das Essverhalten wird jedoch nicht vom rationalen Teil unseres Gehirns geregelt, sondern von unserem Reptiliengehirn und unserem limbischen System. Diese Teile des Gehirns sind für unser Überleben und unsere Gefühle verantwortlich und sind viel stärker ausgeprägt als unsere Ratio. Das bedeutet, dass unsere Ratio auf Dauer gegen unser Unterbewusstsein verliert. Unsere Ratio wird bei normalen Diäten angesteuert und ist wesentlich schwächer als unser Unterbewusstsein. Daher kämpft dieser Teil beim langfristigen Abnehmen auf verlorenem Posten. Beim intuitiven Essen wiederum, wird gezielt daran gearbeitet, dass Unterbewusstsein und somit die stärkeren Teile des Gehirns bewusst anzusteuern und mit einzubeziehen. In unserem Körpersystem sind bereits alle komplexen Kreisläufe vorhanden, die es für eine achtsame Ernährung benötigt. Es geht lediglich darum zu lernen, diese wieder bewusst anzusteuern. Dafür ist es unheimlich wichtig, durch das mentale Training in einen positiven Modus zukommen, neue Gewohnheiten zu trainieren und alle Teile des Gehirns zum Kooperieren zu bekommen. Dabei ist es unerlässlich seine persönliche Motivation zu finden und sich nicht von äußeren Idealen abhängig zu machen. Viele Menschen sind darauf programmiert, Kuchen und Süßigkeiten als schlechte Lebensmittel zu sehen und sie nur zur Belohnung oder zum Trost zu sich zu nehmen. Sie können sich daher nicht vorstellen, dass man abnehmen kann ohne sich etwas zu verbieten. Es herrscht die Vorstellung, dass wenn man auf seinen Körper hört, dieser einem dann ständig signalisiert Kuchen oder Schokolade essen zu wollen. Bei intueat wird mit gezielten Mentalübungen auf diese Programmierung eingegangen und der Emotionslevel erhöht. Das Selbstbild wird nach und nach verändert und der Teilnehmer beginnt positiver über sich zu denken. Durch den veränderten Energielevel beugt man emotionalem Essen vor. Ein weiterer Fokus liegt auf der Achtsamkeit. Es geht darum, durch die Kombination von Audiotraining und Bewusstheit wieder seine Körpersignale zu spüren und aufzuhören, wenn man satt ist.

Ein Grund für den Erfolg diverser Diätprogramme ist das Marketing. In nahezu jeder Zeitschrift werden Diäten beworben. Hinzukommend gibt es unzählige Fitness-Models, die in den sozialen Medien mit ihren "Traumkörpern" werben und unterbewusst suggerieren, dass man nur schön ist, wenn man so aussieht. Ein weiterer Punkt ist, dass die Gesellschaft denkt, wir Menschen wären rational und müssten nur diszipliniert durchhalten, dabei entscheiden wir über 90% emotional bzw. unterbewusst. Darüber hinaus gibt es nicht viele Alternativen am Markt und man ist daher eher geneigt die Aussagen der Diätindustrie zu glauben und sich immer wieder mit den kurzfristigen Ergebnissen zufrieden zu stellen.

Ein weiterer unabhängiger Beitrag zu diesem Thema beschreibt folgendes:
Veganer verzichten auf jegliche Tierprodukte, Paleo-Anhänger wollen essen wie in der Steinzeit und die

16:8-Diät fordert zu stundenlangem Fasten auf. Doch vielleicht, so der Ansatz einer noch recht jungen Theorie, sollten wir uns gar nicht so viele Gedanken über den Speiseplan machen. Die sogenannte intuitive Ernährung sieht sich als Gegenentwurf zu modernen Essensphilosophien. Anstatt alles stets zu analysieren, sollten wir uns demnach
wieder mehr auf unseren Instinkt verlassen. Ganz ohne Regeln einfach genauer auf den
Körper zu hören sei der Schlüssel zum Erfolg. Die Anhänger versprechen eine verbesserte Beziehung zum Thema Ernährung.
Auf der Homepage der "**Original Intuitive Eating Pros**" findet man die 10 grundlegenden Prinzipien. Sie spiegeln die Idee hinter der Bewegung gut wieder:

1. Lehne die Diät-Mentalität ab

2. Ehre deinen Hunger

3. Schließe Frieden mit dem Essen

4. Ignoriere die innere Essenspolizei

5. Respektiere deine Sattheit

6. Entdecke den befriedigenden Effekt von Essen

7. Nutze Essen nicht, um deine Laune zu verbessern

8. Respektiere deinen Körper

9. Mach Bewegung - aber nicht um abzunehmen

10. Ehre deine Gesundheit

Wer selbstbewusst zu seinem Körper steht und eine normale Beziehung zum Thema Ernährung hat, wird über diese 10 Punkte vielleicht eher schmunzeln. Schließlich erscheint es nicht wie eine allzu revolutionäre Idee, auf Hunger und Sattheit zu reagieren. Bei Menschen, die bis dahin kein gesundes Verhältnis zu ihrer Ernährung hatten, zeigt die intuitive Ernährung jedoch regelmäßig gute Fortschritte.
Ist man in den letzten Jahren verschiedensten Diät-Ideen nachgelaufen, kann sich die Rückbesinnung auf das vermeintlich Offensichtliche sehr wohl auszahlen. Dies belegen auch Studien, die die intuitive Ernährung unter anderem mit einem verbesserten Blutdruck, einem gesünderen Auch dass die Fußnoten dann immer am Ende der Seite stehen wo diese auch spiegel und einem Rückgang an Entzündungswerten in Verbindung
bringen. Einzig beim Abnehmen zeigte die Philosophie keinen Effekt. Besonders groß ist die Auswirkung auf die psychische Gesundheit. Die Ernährung nicht mehr länger als Mittelpunkt des eigenen Lebens zu betrachten und sich von Zwängen zu befreien, stellt für viele eine Erleichterung dar. Wie erfolgreich die

Herangehensweise tatsächlich ist, hängt natürlich auch von jedem Einzelnen selbst ab. Fans der Philosophie raten dabei zu Geduld: Manchmal braucht es etwas Zeit, um den eigenen Körper kennenzulernen.

Diesbezüglich möchte ich meine eigene Sichtweise aus dem vorangegangen Thema kundtun und ein paar Worte zu den Vorteilen und mögliche Nachteile der Intuitiven Ernährung nieder schreiben:
Wie schon im oberen Teil des Berichts erläutert, soll die Intuitive Ernährung in erster Linie die Diätwilligen Bürger ansprechen. Das natürliche Steuerungs-instrument von Hunger & Sättigung wurde dem Menschen einst biologisch bedingt mit auf dem Lebensweg gegeben. Warum viele einen unzureichenden bis keinen natürlichen Bezug zu Hunger und Sättigung erfahren, liegt an den immer weiter abfallenden Dumpingpreisen der einzelnen Lebensmittelhändler und die hochkalorische Lebensmittelherstellung der jeweiligen Industrien. Der Mensch wird immer zeitbewusster und sucht sich Möglichkeiten um Zeit einzusparen. Die Industrie machte sich das Verhalten des Verbrauchers damals zunutze und ging auf die Wünsche der Konsumenten ein – hochkalorische Fertiggerichte waren geboren. In der konventionellen Produktion drehte sich alles um 3 wichtige Bausteine, womit der Hunger gestillt werden sollte. Übermäßige Mengen an Fett, Zucker und Salz erwies sich als das perfekte Trio, wenn es um die perfekte Hunger–/Sättigungsspirale geht. Die Industrie

war sich schon zu damaligen Zeiten bewusst, wie sich die 3 Geschmacksrichtungen (Fett, Salz, Zucker), im Bezug auf die Sättigung im menschlichen Organismus verhalten. Zucker in Fertiggerichten wurde in den letzten Jahrzehnten zur scheinbaren Geheimwaffe der Lebensmittelindustrien. Die verarbeitete Zuckermenge in Fertigprodukten stieg in den letzten 30 Jahren rasant an. Nicht zuletzt sind auch alle Süßwaren davon betroffen.

Randomisierte Bemerkung:

Überhöhte Mengen an Zucker in Lebensmitteln lassen den Blutzuckerspiegel rasant ansteigen. Eine Scheinsättigung tritt in Kraft, woraufhin in binnen kurzer Zeit Energie aus Glucose entsteht. Glucose (Einfachzucker/Traubenzucker) gelangt in den Blutkreislauf, das Schlüsselhormon Insulin wird von der Bauchspeicheldrüse (Pangreas) aktiviert, um die benötigten Zielzellen in den jeweiligen Organen zu erreichen. Hierbei fungiert das Hormon Insulin als Schlüssel - eine Art Türöffner. Industrieller Zucker ist hochverarbeitet, enthält keine Nährstoffe und kann den Körper ohne aufwändiges Resorptionsverfahren zu schneller Energie verhelfen. Eine schnelle Energiebereitstellung bedeutet im Umkehrschluss, dass das Insulin dafür Sorge trägt den überhöhten Blutzuckerspiegel wieder ins Gleichgewicht zu bringen und den Blutdruck zu senken. Die rapide Senkung des Insulinspiegels hat zufolge, dass das vor kurzem erreichte Sättigungsgefühl der Vergangenheit angehört und somit sich ein erneutes Hungergefühl bemerkbar macht. In dieser gefährlichen Spirale befinden sich u.a. all diejenigen, die unter Zeitersparnis auf hochkalorische Lebensmittel zurückgreifen. Die Zeit per se wird auch gerne schon mal als Ausrede der eigentlichen Lustlosigkeit genannt. Es gibt immer mal wieder Situationen in denen man nicht immer die benötigte Zeit findet um frisch zu kochen, da können Fertigprodukte durchaus Abhilfe schaffen, insofern sie nicht täglich und mehrmals pro Tag zu sich genommen werden. Im Übrigen sollte bei Fertiggerichten, aber auch bei frischen Lebensmitteln immer bewusst auf die Qualität geachtet werden.

Der genannte tägliche Zeitstress hält die Geschmacksknospen auf Sparflamme, schnelles kauen wird als Zeitgewinn verstanden und bewusstes Essen sowie Genuss wird dadurch ungewollt abtrainiert. Die Philosophie als solches, sowie die richtige Umsetzung und die daraus resultierende psychische Gesundheit, die von der Intuitiven Ernährung ausgeht, ist durchaus bemerkenswert. Sie kann positiv bewertet werden und findet mit Recht Beachtung. Intuitive Ernährung hilft offensichtlich falsche Ernährungsgewohnheiten neu zu hinterfragen und in ihrer Gesamtheit bewusst wahrzunehmen. Daraus entstehende Erfolge für das Essverhalten können ebenso in die Ernährungsberatung mit eingebracht werden. Die Philosophie der intuitiven Ernährung benennt keinerlei

Regeln in der Ernährung und konzentriert sich klar auf die Achtsamkeit, Bewusstsein sowie die rechtzeitige Wahrnehmung von Hunger und Sättigung. Hierbei kommt das Bewusstsein für eine gesunde ausgewogene Ernährungsweise zu kurz bzw. wird zu schwach bis gar nicht erwähnt. Das intuitive Ernährungsverhalten müsse in diesem entscheidenden Punkt neu gedacht werden. Nur eine vollwertige gesunde Ernährung kann mit dem richtigen Start der intuitiven Ernährungsphilosophie theoretisch als auch praktisch ganzheitlich umgesetzt werden.

Gesunde Menschen sollten Gesundheit besser wahrnehmen. Die Bedeutung psychischer und physischer Gesundheit kann als Glück bezeichnet werden, was infolgedessen in seiner systematischen Vollständigkeit Freiheit bedeutet. Glück löst wiederum dauerhafte Zufriedenheit aus. Mit der richtigen Bewusstseinsschulung und dem gezielten Wissen einer ausgewogenen gesunden Ernährungsvielfalt können weitgehende Erfolge mit Langzeiteffekt erzielt werden.

11 Ernährungsspezifische Anlaufstellen für Jung und Alt

Die Recherche zu einem Gesundheitsthema im Internet liefert innerhalb von Sekunden tausende Links mit Informationen. Aber welche Informationen sind stichhaltig, welche Anbieter seriös? Sucht man nach korrekten Informationen, z.B. zu Gesundheitsthemen, erweist sich der Segen des Internets, dass jede/r aktiv mitmachen und Inhalte gestalten kann ohne Zensur, gleichzeitig als Fluch: Es gibt kein Lektorat, keine Kontrolle und kein Auswahlverfahren zur Qualität der Informationen, denn alle Informationen sind gleichwertig verfügbar. Deshalb gibt es auch immer mehr Halb- und Unwahrheiten – besonders im Netz. „Stöbert man in den Onlinenews über Ernährung und Gesundheit bei Focus, Stern, Elle und Co drängt sich der Verdacht auf, das hier eine übersteigerte ängstliche Aufmerksamkeit des Verbrauchers ausgenutzt wird und ohne Empathie oder einen Blick für die Zusammenhänge vorschnell bewertet wird. Diese Artikel zeigen kein Interesse am Verständnis des Problems, sondern an einer möglichst breiten Aufmerksamkeit“, so die Fachgesellschaft für Ernährungstherapie und Prävention e.V. **(FET)**. Auf ihrer Homepage hat die FET sehr übersichtlich zusammengestellt, welche Arten von Fehlinformationen sich im Internet finden und was man als Verbraucher/innen (und als Fachkraft) beachten kann,

um qualitativ hochwertige Informationen von minderwertigen unterscheiden zu können:
→ https://fet-ev.eu/informationqualität/.

Speziell die Filter und Algorithmen sozialer Medien und Suchmaschinen werden von FET kritisch erwähnt: Diese sorgen dafür, dass nur Inhalte und Profile vorgeschlagen werden bzw. in der Timeline erscheinen, die der eigenen Meinung ähneln, sodass der User/ die Userin zunehmend in seiner/ihrer eigenen Informationsmäßigen sog. *Filter Bubble* (auch: Echokammer) bleibt. Suche ich also nach Inhalten dazu, ob Milch ungesund ist, werden mir auch danach immer wieder Ergebnisse dazu angezeigt, warum und wie Milch ungesund ist, und nicht solche, die die gegenteilige Haltung einnehmen. Die eigene Sichtweise wird auf diese Weise immer eingeschränkter.
Das Netzwerk „Ernährungs- und Verbraucherbildung" dient als Wegweiser für unabhängige, qualitätsgesicherte Informationen. Innerhalb dieses Netzwerks, das von nichtstaatlichen Partnern initiiert wurde, koordiniert und fördert das Ernährungsministerium unterschiedliche Themenbereiche.
An den Ämtern für Ernährung, Landwirtschaft und Forsten finden Sie spezielle Ansprechpartner zum Thema Ernährung. Diese können Ihnen innerhalb des Netzwerks konkrete Ernährungsberater für Ihr individuelles Anliegen in Ihrer Region nennen.

➲ Ämter für Ernährung, Landwirtschaft und Forsten in Bayern

Ergänzend dazu finden Sie individuelle Ernährungsberatung oder diätetische Beratung unter anderem hier:

- Verbraucherzentrale Bayern e.V.
- VerbraucherService Bayern im Katholischen Deutschen Frauenbund e.V.
- Verband der Diätassistenten e.V.
- Verband der Oecotrophologen e.V.
- Deutsche Gesellschaft der qualifizierten Ernährungstherapeuten und Ernährungsberater e.V.

oder bei Institutionen des Gesundheitswesens wie Krankenkassen, Ernährungsmedizinern oder Apotheken.

Das richtige Fundament für Ernährungsinformationen aller Art stellen wissenschaftlich fundierte Internetplattformen für Verbraucher/innen dar.

Verbraucherfreundliche Informationsquellen der D-A-CH Gesellschaften:

➲ Bundesministerium für Ernährung und Landwirtschaft **(BMEL)** - https://www.bmel.de/DE

➲ Deutsche Gesellschaft für Ernährung e. V **(DGE)** - https://www.dge.de/

➲ Deutschlands Initiative für gesunde Ernährung und mehr Bewegung **(INFORM)** - https://www.in-form.de/

- Bundesministerium für Ernährung und Landwirtschaft **(BMEL)** - https://www.bmel.de/DE
- Bundesanstalt Für Landwirtschaft & Ernährung **(BLE)** - https://www.ble.de
- Bundeszentrale für Ernährung **(BZfe)** - https://www.bzfe.de
- Verbraucherzentrale - https://www.verbraucherzentrale.de/wissen/lebensmittel
- Gesunde Ernährung – https://www.Ages.at
- FIT FOR FUN - Fitness, Ernährung & Gesundheit - https://m.fitforfun.de
- Gesunde Ernährung – https://fitundgesund.at/
- Österreichische Gesellschaft für Ernährung **(ÖGE)** - https://oege.at
- Öffentliches Gesundheitsportal Österreichs - https://www.gesundheit.gv.at/
- Ernährungsumschau - https://www.ernaehrungs-umschau.de
- Bundesministerium – Arbeit, Soziales, Gesundheit und Konsumentenschutz - https://www.bmg.gv.at
- Weltgesundheitsorganisation **(WHO)** - https://www.who.com
- BIOinfo - https://b2b.amainfo.at/bioinfoat/
- Die Essensretter FOODWATCH - https://www.foodwatch.org/de/startseite
- Schweizerische Gesellschaft für Ernährung (SGE) - www.sge-ssn.ch
- Ernährung für Kinder – Schweizer Ernährungsscheibe - www.sge-ssn.ch/bildung-und-

schule/ernaehrung-im-unterricht/unterrichtsmaterial/ernaeh...

- Ernährung – geniessen und gesund bleiben - blv.admin.ch - https://www.blv.admin.ch/blv/de/home/lebensmittel-und-ernaehrung/ernaehrung.html
- Gesundheitsförderung Schweiz - https://gesundheitsfoerderung.ch/

12 Gesunde Ernährung vs. Erkrankung – Persönliche Erfahrungswerte

Die anfangs in der Einleitung kurz beschriebene Erkrankung wird in meinem Leben immer präsent sein und für die weitere Zukunft ein mehr oder weniger stiller Begleiter bleiben. Warum ein stiller Begleiter? Diese Art der Autoimmunerkrankung kann extern weder erkannt noch durch Beobachtung wahrgenommen werden. Multiple Sklerose ist eine entzündliche Erkrankung des zentralen Nervensystems, die das Rückenmark sowie Gehirn gleichermaßen betrifft. Diese Art der Erkrankung findet in der Schulmedizin ganz unterschiedliche Beinamen. Der Krankheitsverlauf ist unberechenbar, daher wird Multiple Sklerose in der Medizin auch als die Erkrankung mit den 1000 Gesichtern beschrieben. Sie wird in unterschiedlichen Funktionen mit dem entsprechenden Gradmesser je nach Schwere des Verlaufs eingeordnet. Eine chronische entzündliche ZNS-Erkrankung im Sinne einer Multiplen Sklerose ist nach heutigem medizinischem Wissensstand, wie alle Autoimmunerkrankungen, von Heilung ausgeschlossen.

Bevor vor gut 2 Jahren (01.11.2017) eine nachweisliche Diagnose über die Autoimmunerkrankung bekannt wurde, begann ich schon zuvor mit dem Karriereende als Koch das Leben neu zu ordnen und das Bewusstsein sensibler zu schulen. Die Lebensweise konnte fortan nach meinen sehnsüchtigen Wünschen gestaltet und umgesetzt werden. Der gänzliche Verzicht auf alkoholische Getränke und Zigaretten war ein tiefgreifender Wunsch, der allerdings in der Vergangenheit als Koch in jahrelanger Verantwortungsposition mit all seinen dauerhaft anhaltenden Stressmomenten zum Scheitern verurteilt war. Dieses Kapitel konnte nun abgehakt und der Wunsch nach Neuanfang aufgegriffen und ganzheitlich umgesetzt werden. Daraufhin folgten theoretische Gedankengänge, die ebenso gut in die Praxis verwirklicht werden konnten. Ab sofort sollten diese umfangreichen Maßnahmen mein jetziges Leben positiv bestimmen. Zeitgleich zeigten erste Erkrankungserscheinungen ihr schwaches Gesicht. Bis dato wurden sie von mir nicht als ernsthaft bedenklich angesehen, dennoch waren die immer wiederkehrenden, langsam steigenden Symptome unerklärlich. Dennoch blieb ich meine zielgesteuerten Vorhaben treu. Gesunde Ernährung rückte nun einmal mehr in den Fokus. Die Auswahl der Lebensmittel wählte ich zu diesem Zeitpunkt nach bestem Wissen nahezu vollwertig, frisch und ausgewogen aus - was im Nachhinein betrachtet das Voranschreiten des Krankheitsverlaufs vermutlich bestimmend verlangsamte.

Nachdem das Krankheitsbild nun endlich bekannt war, setzte ich mich voller Tatendrang direkt nach dem Klinikaufenthalt mit der Erkrankung akribisch auseinander. Ab sofort wurden medizinische Lektüren

via Internet und allerlei Büchermaterialien ebenso vertrauenswürdige Fachzeitschriften über Autoimmunologie zu meinem täglichen Aufgabengebiet. Es war mir oberste Priorität den/die Hintergründe für diese Art der Erkrankung zu begreifen und im Weiteren diese auf unterschiedlichste Art und Weise zu hinterfragen. Damit tauchten die berühmten W-Fragen auf: Warum? – wieso? – weshalb?. Welche Gründe und Zusammenhänge gibt es? Warum im Gegensatz zu vorherigen Jahrzehnten heute immer mehr erwiesene Fälle von Autoimmunerkrankungen zu verzeichnen sind? Mein Interesse galt ab sofort der menschlichen Anatomie.
Die Schulmedizin hat durchaus seine Existenzberechtigung, doch meiner Ansicht nach, gab und gibt es bis heute erhebliche Zweifel an ernstgemeinten Forschungen mit autoimmunerkrankten Menschen. Dazu werden finanzielle Mittel nicht annähernd ausgereizt/ bereitgestellt, um diesbezüglich zielgerichtete Forschungsarbeit zu ermöglichen/leisten. Ich ging auf Spurensuche und brauchte klare Antworten. Daraufhin wurde die Medizin als auch Naturheilkunde sowie ein erweitertes Ernährungswissen zu meinem Hobby. Ein von den drei neuen Hobbys sollte mich ab sofort beruflich begleiten. Was liegt näher, als schon bestehende Lebensmittelerfahrungen mit tiefgründigem Wissen auszubauen. Nach genauer Recherche fand ich ein passendes Studium als Diplom Ernährungstrainer. Damit war mir zukünftig in aller ersten Linie die Chance

gegeben, fundiertes wissenschaftliches Ernährungswissen für die Gesundheit zu nutzen.
Während der voranschreitenden Studienzeit, mit Hinblick auf das fachliche Wissensspektrum, verbesserten sich meine motorischen als auch sensorischen Fähigkeiten Zunehmens. Die anfängliche Herangehensweise meiner erhofften Genesung war sehr speziell. Naturheilkunde sowie ausgewählte medizinische Fachmaterialien wurden zusammen mit dazugewonnenen ernährungswissenschaftlichen Erkenntnissen gebündelt und fand damit unter anderem täglichen Einsatz in meinem Speiseplan. Hierbei spielen Bewegung, Ausdauer-/Kraftsport, Schlafhygiene und viele weitere gesundheitliche Maßnahmen gleichermaßen eine essentielle Grundlage für die ganzheitliche Gesundheit. Um den jetzigen Krankheitsverlauf so gut wie es geht ohne Medikamente, jegliche therapeutische Maßnahmen oder etwaige Hilfe abzumildern, ja sogar zu stoppen, braucht es außerordentliches Wissen. In der Zeit als Koch war mir zwar "bewusst" was gesunde Ernährung mit dem menschlichen Körper anstellen kann, doch das basierte bis dato nur auf Theorie. Vorhandende Universitätsmaterialien boten mir hierzu erstklassige Hilfen bei der richtigen Ernährungsauswahl. In der Anfangszeit des gesundheitlich bedingten Ernährungsumbruchs, befand ich mich durch das detailliert – ja schon streng wachsame Essverhalten auf dem Scheideweg zum Essniveau eines **Orthorexia nervosa** (krankhaftem gesundessen). Nur durch das

zusätzlich erlangte Studienwissen konnten potenzielle, massiv bedenkliche Essgewohnheiten verhindert werden.
Bereits in den ersten Wochen des Studiums spürte ich schon erste herausragende gesundheitliche Erfolge. Ich konnte wieder freihändig Treppen steigen ohne mich am Geländer festhalten zu müssen. Gymnastikbewegungen, Yoga sowie kleine sportliche Übungen funktionierten allmählich wieder. Der vorhandene starke Wille puschte mich immer weiter mit dem Ziel, endlich wieder bedenkenlos spazieren zu gehen, über weitere Strecken Fahrrad zu fahren und natürlich noch vieles mehr was die körperliche Beweglichkeit betrifft. Als Grundlage für die gesundheitliche Besserung war eine wochenlange pflanzenbasierte Karenzdiät die aus reiner Rohkost bestand. Diese Art der Ernährungsauswahl war der eigentliche "Trigger" um den Bewegungsapparat in eine gute Ausgangslage zu bringen. Diesbezüglich konnte die Basis für weitere bemerkenswerte körperliche Erfolge schaffen. Mit der Erkrankung wurde der Darm- wie auch Blasentrakt negativ beeinträchtigt. Spaziergänge unter 200 Meter waren der Regelfall, ohne das sich die Blase wie gleichermaßen der Darmausgangs bemerkbar machten. Körperliche Bewegungsfreiheiten im Alltag waren eingeschränkt, sodass ich mehr oder weniger auf Hilfe angewiesen war. Ab dem Tag des festgestellten Befunds, fand ich nach genauerem recherchieren auf eine spezifisch medizinischen Internetplattform heraus, dass seit dem

Ausbruch der Erkrankung eine automatisch hochgradige Empfindlichkeit auf Gluten besteht. Da die charakteristische Art und Weise der Krankheitsform mit deren zahlreichen Symptomen so vielfältig wie auch kompliziert ist, enthalte ich mich daher in diesem Themenbereich mit weitläufigen detaillierten Aufzählungen zurück. Hierbei geht es einzig und alleine um die erfreulichen Auswirkungen von gesunder Ernährung auf das beschriebene Krankheitsbild.
Wie schon erwähnt, ermöglichte mir Rohkost den einzig richtigen Start ins selbstständige Leben, ohne auf etwaige Hilfe angewiesen zu sein.

➲ Wichtige Informationsquelle: Die zu diesem Zeitpunkt vorhandene gesundheitliche Situation war ein Ausnahme-/Sonderfall und wurde nach eigenen sorgfältigen Recherchen bewusst kontrolliert angewendet bzw. umgesetzt. Eine auf längere Zeit durchgeführte Rohkosternährung ist für gesunde Menschen generell nicht zu empfehlen. Folgeerkrankungen wie Mangelernährung und Organschäden können die Gesundheit unweigerlich gefährden. Eine vollwertig ausgewogene Ernährung stellt sicher, dass der Körper mit allen Nähr- und Vitalstoffen versorgt wird die er für eine tägliche gesunde Funktionsweise benötigt.

In der Zeit meiner Rohkost-Entwöhnungsphase, tastete ich mich behutsam an eine vollwertige ausgewogene Ernährung heran. In monatelangen Beobachtungen war das vorläufige Ergebnis sagenhaft. Mit einigen wiederholten Rückschlägen, aber dennoch mit viel Geduld und Aufmerksamkeit stellte sich mein kranker Körper auf die "neue" Ernährung ein und zeigte dies auch in Form von einer wiedergewonnenen *Bewegungsfreiheit*. Der gesamte Bewegungsapparat funktionierte mal mehr oder weniger gut, doch die von mir erhofften Fortschritte meines Wohlbefindens und die der allgemeinen Beweglichkeit waren täglich zu bemerken. Ein besonders schöner beiläufiger Effekt war es, Dankbarkeit auf eine bedeutsame Ebene zu erfahren. Im Hinblick auf die gesundheitlichen Verbesserungen die von einer ausgewogenen gesunden Ernährung ausging, wurde mir Zunehmens bewusst, welche gesundheitsfördernde Tragweite Ernährung besitzt. In der mittlerweile langen vorangegangen Zeit, entwickelte sich in mir eine sensible Stimme, die mich ein bestimmtes Wort neu betrachten ließ:

Selbstverständlichkeit - ein Wort, das vor der Erkrankung nichts anderes war als eine Art Floskel. *„Nichts ist selbstverständlich"* diese drei Worte sind jedem bekannt, dennoch sind sie für den einen oder anderen in der wirklichen Bedeutung nicht greifbar. Sobald der Mensch bewusst erfährt, warum Gesundheit im Leben eines jeden essentiellen Status erreicht, wird rückblickend an die drei aussagekräftigen Worte in selbstreflektierenden Gedanken erinnert und somit zukünftig mit vollem Respekt begegnet.

Sobald der Mensch erkrankt, wird ihm schnell klar, dass er Hilfe benötigt. Behinderungen aller Art, sei es bspw. eine Erkältung, Reizdarmsyndrom oder eine länger anhaltende Obstipation, weichen von der Normalität ab und behindern den alltäglichen Tagesablauf des Menschen. In den meisten Fällen kann eine derartige Behinderung/Erkrankung mit präventiver gesundheitsbewusster Ernährung langfristig vorgebeugt werden. 70% aller Krankenhausaufenthalte gehen laut Gesundheitsforscher auf eine ungünstige (schlechte) Ernährungsweise zurück. Theoretisch ist das bürgerliche Wissen gegenüber gesunder Ernährung in den vergangenen Jahren leicht gestiegen, doch ist diesbezüglich noch Luft nach oben. Mit der Globalisierung westlicher Ideologien und des immer "höher – schneller - weiter Prinzips", wandelte sich die damals bestehende Ernährungsweise nach und nach ins Negative. Das war der Auslöser, als sich Jahrzehntelanges Großmutterwissen allmählich in generationsübergreifendes Unwissen wandelte. Die meisten Menschen wissen heute nicht mehr wie Lebensmittel bspw. haltbar gemacht werden, ganz zu schweigen die Benennung einzelner Gemüsesorten. Von ihnen wissen nur wenige wie frische Lebensmittel schonend verarbeitet und zubereitet werden. Dazu ist noch weniger bekannt, welche Heilkräfte von frischen Lebensmitteln ausgehen. Als gesund werden Lebensmittel bezeichnet, die ein ausgewogenes Verhältnis der notwendigen Nährstoffe mit sich bringen, die den Menschen mit lebenswichtigen Bausteinen ernähren. Proteine, Kohlenhydrate (vorwiegend komplexe Kohlenhydrate) und gesunde hochwertige Fette stellen die essenzielle Basis für eine gesunde Ernährung dar. Ergänzend dazu zählt eine große bunte Vielfalt an sekundären Pflanzenstoffen, Vitamine, Mineralstoffe, Spurenelemente sowie unverzichtbare Ballaststoffe. Zusammengenommen ergibt es ein Powerpacket der obersten Gesundheitsklasse.

Vielfältig erlernte Maßnahmen die es braucht, um gegen die Feinde, als die ich sie sehe, in meinem Körper kontrolliert zu agieren, konnte ich sie punktuell zu speziellen automatisierten Alltagsgewohnheiten schulen. Auch wenn man mit diesem Krankheitsbild eine ganz eigene Geschichte schreiben/erzählen könnte, ist es mein persönliches Bedürfnis von den gesundheitlichen Fortschritten, die von einer wie in meinem Fall ökologischen ganzheitlich gesunden Ernährung ausgeht, zu berichten. Mit Hilfe der gesunden Ernährungsweise kann ich bis zum heutigen Tag, wie bereits schon erwähnt, auf diverse Therapiemodelle sowie medikamentöse Behandlungen verzichtet werden.

An den richtigen Stellschrauben gedreht, kann gesunde Ernährung eine tragende Rolle im Leben eines jeden Menschen spielen der den Wunsch verfolgt, psychisch als auch physisch gesund zu altern. Wenn man hinsichtlich dessen nicht bereit ist seine eigene Lebensweise in regelmäßigen Abständen zu hinterfragen, bleiben somit die bisherigen unvorteilhaften Gewohnheiten bestehen und können keinerlei aussichtsreiche Änderungen hervorbringen. Im Hinblick darauf bleibt in der Konsequenz die anschließende bereitstehende Hilfe aus.

„Krankheiten befallen uns nicht aus heiterem Himmel, sondern entwickeln sich aus täglichen Sünden wieder der Natur. Wenn sich diese gehäuft haben, brechen sie unversehens hervor“ - **Hippokrates**

„In der ersten Hälfte unseres Lebens opfern wir unsere Gesundheit, um Geld zu erwerben, in der zweiten Hälfte opfern wir unser Geld, um die Gesundheit wiederzuerlangen. Und während dieser Zeit gehen Gesundheit und Leben von dannen.“ - **Voltaire**

„Kümmere dich um deinen Körper. Es ist der einzige Ort, den du zum Leben hast.“ – **Jim Rohn**

„Wer nicht jeden Tag etwas für seine Gesundheit aufbringt, muss eines Tages sehr viel Zeit für die Krankheit opfern.“ – **Sebastian Kneipp**

13 Zusammenfassende Schlussbemerkungen

Gesundheit als solches, ist ganzheitlich betrachtet das größte Naturgut eines jeden Individuums. Im Normalfall wird der Mensch gesund geboren. Diese gesundheitliche Voraussetzung dient hierbei weitläufig als großes Fundament und ist unabdingbar für das weitere Leben. Eine ganzheitliche psychische wie auch physische Gesundheit kann nur unter optimalen Rahmenbedingungen mit entsprechenden Maßnahmen dauerhaft gehalten werden. Wird die Gesundheit durch schwerwiegende äußere Einflüsse aus der Verankerung gehebelt, wie bspw. die einer lang anhaltenden ungesunden Ernährungsweise, kann das natürliche Gleichgewicht kippen und zu unzähligen anfangs meist leicht beginnend bis hin zu schweren Erkrankungen führen. In Hinblick darauf kann es unweigerlich zu geistiger und/oder körperlicher Einschränkung kommen. Diese Situation bedeutet Verlust der bis dato gesundheitlichen Freiheit und ist fortan mit gravierenden Einschränkungen belastet. Die Mehrzahl aller Krankenhausaufenthalte geht auf eine falsche Ernährungsweise zurück. Hierbei spielt mit unter mangelnde Ernährungskompetenz eine wesentliche Rolle.

Gesundheitliche Risiken können prinzipiell multifaktoriell betrachtet werden. Ein ausschlaggebender Aspekt hinsichtlich der Gefährdung für die eigene Gesundheit, geht wie zuvor erwähnt auf die weniger vorteilhafte westliche Ernährungsweise zurück. Forscher nehmen an, dass mehr als 70% aller Erkrankungen in den westlichen Industrieländern ernährungs- und lebensstilinduziert sind. Insbesondere Fehlernährung, Bewegungsmangel und Übergewicht spielen dabei eine bedeutende Rolle. Nikotingenuss und Alkoholkonsum vervollständigen das Krankheitsprofil. Für zahlreiche Erkrankungen ist ein Zusammenhang zum Lebensstil und zur Ernährung bewiesen, so zum Beispiel für Herz-Kreislauf-Erkrankungen, Diabetes mellitus und Krebs. Jüngste Forschungen fanden heraus, dass bereits bei einem Anstieg des Körper-Masse-Indexes (BMI) um 5 kg/m2 die Krebsmortalität um 10% zunimmt. Diesbezüglich wird stark angenommen, dass letzten Endes alle Krebsarten mit einem erhöhten BMI in Verbindung gebracht werden könnten. Krebsprävention erfordert gesellschaftliche und natürliche Umfelder, die gesunder Ernährung und körperlicher Betätigung zuträglich sind. Zudem könnten Fertiggerichte, die weniger raffinierte Stärke, Fett sowie Salz enthalten, das Risiko für chronische Erkrankungen wie Krebs, Autoimmunerkrankungen und stätig ansteigende Zivilisationskrankheiten wirksam verringern. Einer jüngeren wissenschaftlichen Studie zufolge, konnten deutlichere Erkenntnisse darüber gewonnen werden, dass Vollkornprodukte und Nüsse das größte gesundheitsfördernde Potenzial erwirken. Die

Schlussfolgerung des Studienleiters spricht sich für zukünftige Public Health- Maßnahmen aus, die darauf hinwirken sollten, den Verzehr von Vollkornprodukte zu erhöhen. Dies deckt sich mit lebensmittelbezogenen Ernährungsempfehlungen der Deutschen Gesellschaft für Ernährung e. V. (DGE), bei Getreideprodukten die Vollkornvariante zu bevorzugen. Auch für den Verzehr von Fisch und Hülsenfrüchte zeigt die vorgestellte Studie, dass ein höherer Verzehr gesundheitsfördernd bezogen auf spezifische Krankheiten sein kann. Die Ergebnisse der Studie, insbesondere die Möglichkeit eines Rankings der Lebensmittel bzw. Lebensmittelgruppen, können als wichtiges Instrument bei der Ableitung zukünftiger FBDGs (food-based dietary guidelines = lebensmittelbezogene Ernährungsempfehlungen) und der Planung weiterer Public Health-Maßnahmen dienen. Für eine weitere Optimierung dieses Ansatzes und seiner Nutzung im Rahmen der Ableitung von Ernährungsempfehlungen wäre es zukünftig wichtig, weitere Lebensmittel bzw. –gruppen, z.B. Kartoffeln, Öle und Fette einfließen zu lassen. Um den Verbraucher künftig vor Augen zu halten welche Gesundheitsgefährdung von übermäßig konsumiertem Salz, Fett und raffiniertem Zucker ausgeht, braucht es ein verbrauchergerechtes Maß an Transparenz. An dieser Stelle wäre die Politik der entscheidende Treiber, um durchschlagende Gesetze für eine gesündere Lebensmittelauswahl mit Langzeiteffekt zu schaffen. Ein auf europäischer Ebene einheitliches Grundgesetz, könne durch eine

entsprechende Nährwertprofilkennzeichnung (bspw. Nutriscore und/oder weiter entwickelte Maßnahmen) gesundheitsfördernde Lebensmittel klar ersichtlich identifizieren.
Um gesundheitliche Risiken erst gar nicht entstehen zu lassen, braucht es eine Maßnahme, die den Ernährungssektor komplett abdeckt. In Bezug darauf gibt es ein exklusiven Wegbegleiter, die den Verbraucher mit hochkarätigen, fundierten und wissenschaftlichen Informationen rundum gesunder Ernährung aufklärt. Das einzig wahre Sprachrohr, hinsichtlich dieser verantwortungsvollen Aufgabe, ist die Ernährungsprävention. Um die Gesundheit in Bezug darauf so früh wie möglich mit theoretisch bedeutsamen Auskünften zu schützen, ist schon bereits eine frühe Aufklärung im Säuglings- und Kindesalter notwendig. Denn das Fundament für Ernährungskompetenz und gesundes Essverhalten wird schon sehr früh gelegt. Mit etwa drei Jahren haben Kinder ihre Vorlieben in Bezug aufs Essen und Trinken entwickelt. Mit steigendem Alter können bereits angelernte Gewohnheiten immer schwerer umgesetzt werden. Das erinnert an den Spruch „was Hänschen nicht lernt, lernt Hans nimmermehr". Tatsächlich geht es nicht nur um aktives Lernen, sondern um Bedingungen, die einen Menschen schon vor seiner Geburt prägen. Hierbei übernehmen Eltern von Anfang an eine große Verantwortung. Sowohl beim Essen als auch beim Einkaufen und Zubereiten sind Eltern, Großeltern und Geschwister gleichermaßen eine

wichtige Vorbildfunktion. Schon die Allerkleinsten können aktiv mithelfen und lernen dadurch buchstäblich fürs Leben. Das muss nicht jeden Tag sein, sondern immer dann, sobald sich alle in der passenden Stimmung befinden. Ohne Zwänge, dafür mit viel Spaß lässt es sich gut lernen. Bei entspannt lockerer Atmosphäre, können Informationen besser wahrgenommen und verarbeitet werden. Das Kind, ebenso die Eltern können so durch gemeinsame Tätigkeiten das neu erlernte Ernährungswissen leichter in den Alltag einbauen und schaffen damit einen elementaren Grundstein für die weitere Zukunft.

Ziele der Ernährung im Kindesalter sind:

- Sicherung von Wachstum und Entwicklung durch eine ausgewogene Zufuhr an Energie und Nährstoffen

- Prävention von ernährungsmitbedingten späteren Erkrankungen (wie Bluthochdruck, Herz-Kreislauferkrankungen, Diabetes mellitus Typ II, Übergewicht ...)

Diesen Zielen dient das Konzept der **„Optimierten Mischkost“**, kurz **OptiMIX®**. Es wurde vom Forschungsinstitut für Kinderernährung Dortmund (FKE) entwickelt und wird immer wieder an neue wissenschaftliche Erkenntnisse angepasst. In der Optimierten Mischkost werden die wissenschaftlichen Empfehlungen für die Nährstoffzufuhr und die

Prävention in praktische, lebensmittel- und mahlzeitenbezogene Empfehlungen umgesetzt.

Infolge der Ernährungskompetenzen im Säuglings- und Kindesalter, braucht es ebenso im weiteren Lebensverlauf eine adäquate und vertrauliche Informationsquelle. Auch Präventionsmaßnahmen im Erwachsenenstand sollten bis zum Erreichen ins hohe Seniorenalter weitergeführt werden. Dazu steht zahlreich mediales Infomaterial zur Verfügung. Eine dieser aussagekräftigen Quellen ist die Deutsche Gesellschaft für Ernährung (www.DGE.de). Die von der DGE herausgegebenen lebensmittelbezogenen Ernährungsempfehlungen (10 Regeln der DGE, DGE-Ernährungskreis und Dreidimensionale DGE-Lebensmittelpyramide) werden auf Basis der Referenzwerte für die Nährstoffzufuhr und ihre Umsetzung in Deutschland sowie evidenzbasierter Erkenntnisse zur Prävention ernährungsmitbedingter Krankheiten durch Nährstoffe bzw. Lebensmittel abgeleitet und überprüft.

Weitere Informationsquellen für den häuslichen Gebrauch:

- Deutschlands Initiative für gesunde Ernährung und mehr Bewegung **(INFORM)** - https://www.in-form.de/
- Bundesministerium für Ernährung und Landwirtschaft **(BMEL)** - https://www.bmel.de/DE
- Bundesanstalt Für Landwirtschaft & Ernährung **(BLE)** - https://www.ble.de

- Bundeszentrale für Ernährung **(BZfe)** - https://www.bzfe.de
- Verbraucherzentrale - https://www.verbraucherzentrale.de/wissen/lebensmittel
- Gesunde Ernährung – https://www.Ages.at
- Verband der Diätassistenten e.V.
- Verband der Oecotrophologen e.V.
- Deutsche Gesellschaft der qualifizierten Ernährungstherapeuten und Ernährungsberater e.V.

Anschließend dessen, bieten weitere Ansprechpartner der Institutionen des Gesundheitswesens wie Krankenkassen, Ernährungsmedizinern oder Apotheken.

Ein noch neues, mögliches Modell für das Gelingen ganzheitlicher Gesundheit beschreibt die Intuitive Ernährung. Beim intuitiven Essen besteht eine enge Zusammenarbeit mit dem Körper. Das bedeutet, dass man bei körperlichem Hunger genussvoll isst und bei körperlicher Sättigung seine Mahlzeit beendet – ohne lästiges Kalorienzählen und qualvolles Verzichten. Körperlicher Hunger äußert sich durch körperliche Hungersignale, wie zum Beispiel dem Gefühl eines „leeren Magens“, Magenknurren, ein leichtes Schwächegefühl, Konzentrationsproblemen oder leichten Kopfschmerzen. Die Auswahl der Lebensmittel richtet sich nicht nach Vorschriften, sondern nach dem Appetit und dem Gefühl. Es sollte also nicht nur auf Geschmack geachtet werden. Entscheidend ist auch, dass die Lebensmittel dem Körper gut bekommen. Intuitive Esser „überessen“ sich nicht, sondern reagieren angemessen auf die vom Körper gesendeten Zeichen. Sobald der nächste körperliche Hunger eintritt, kann und soll wieder guten Gewissens gegessen werden. Der Vorteil des intuitiven Essens besteht darin, dass man sein Wohlfühlgewicht auf gesundem Wege erreicht, ein positives und befreites Essverhalten entwickelt und zudem die eigene Lebensqualität als auch die Genussfähigkeit erhöht. Beim intuitiven Essen geht es darum, dass jeder wieder lernt auf seinen Körper zu hören. Man sollte nur essen, wenn man wirklich Hunger verspürt und beim Sättigungsgefühl aufhören. Intuitives Essen steht für Freiheit und Genuss. Am Ende zählt eine begleitende ausgewogene, naturbelassene Ernährung, welche den entscheidenden Impuls für den richtigen Start der intuitiven Ernährungsphilosophie theoretisch als auch praktisch auf lange Sicht umsetzen kann. Das Ernährungsmodell verspricht durch vorab vereinzelte Untersuchungen an Probanden für einige wirksame Ergebnisse. In der Rohfassung betrachtet, kann intuitives Essverhalten mit einigen bereits bekannten Verhaltensmustern aufwarten. Dennoch muss für ein brauchbares Endergebnis, durch jahrelange Studienbeobachtungen und genaue Analysen, auf die allumfassende Effektivität der neuen Methode geachtet werden.

Ein heiß diskutiertes Thema wirft Verbrauchern schon seit Jahren Fragen auf, die in der Vergangenheit unzureichend mit wissenschaftlichen Argumenten beantwortet werden konnten. Diesbezügliche Frage betrifft die Wertigkeit ökologisch angebauter Lebensmittel. Welche gesundheitlichen Vorteile bieten Bioprodukte gegenüber konventioneller Kost?
Im Vergleich zu konventionellen Produkten sind natürlich biologisch erzeugte Nahrungsmittel um ein Vielfaches effektiver. Zum einen ist die Herstellung von ökologisch angebauten Nahrungsmitteln großflächig betrachtet positiver für die Klimabilanz, Bodenbeschaffenheit, alle maritimen Gewässer der Erde sowie das Grundwasser. Im Weiteren sorgt die Ökolandwirtschaft langfristig für systematische als auch strukturierte Arbeitsplätze und fördert dazu die allgemeine Beziehung zwischen Bauer/Händler und Konsument. Im Hinblick darauf können konventionelle Betriebe gegenüber Bio-Supermärkte keineswegs Vorteile einer vergleichbaren Personalverfügbarkeit vorweisen. Verbrauchergerechte Transparenz wird von ökologisch geführten Betrieben mit vollster Überzeugung gelebt und verbraucherfreundlich übermittelt, was unter anderem das Kaufverhalten nachhaltig verbessert. Bäuerliche Liebe und Hingabe kann bewusst und schon direkt beim Händler/Bauern um die Ecke mit sämtlichen Sinneseindrücken wahrgenommen werden. Üppige Mengen eingeschweißter Lebensmittelwaren in altherkömmlichen Super-

märkten, welche zumeist aus konventionellem Anbau stammen, müssen in der angebotenen Produktanzahl käuflich erworben und dürfen nicht einzeln der Verpackung entnommen werden. Im Vergleich dazu bietet der ökologische Handel ausschließlich unverpackte frische Lebensmittel zum Verkauf an. Mit dieser wohlüberlegten Handlungsweise wird bedarfsgerechtes einkaufen ermöglicht, was wiederum dazu führt, dass überschüssige Nahrungsmittel nicht verderben, die so in gleichermaßen den globalen (zumeist von Industrieländern ausgehend) Wegwerfwahnsinn abmildern bis weiträumig verhindern können.
Gesundheitsfördernde Ergebnisse aus ökologisch erzeugten Nahrungsmitteln, wurden vor einigen Jahren näher unter die Lupe genommen. Die von 2014 bis 2018 durch **TIEM** – Integrierte Umweltüberwachung GbR durchgeführte Studie "Biomonitoring der Pestizid-Belastung in der Luft" untersuchte an 47 verschiedenen Standorten in Deutschland auf Pflanzenschutzmittelrückstände und wies über 100 Wirkstoffe nach. Egal, ob die Messstation in einer landwirtschaftlichen Region, einem Naturschutzgebiet oder einer Großstadt stand. Die Ergebnisse der großangelegten Studie waren überraschend. Der in der Studie am häufigsten und mit den höchsten Konzentrationen gefundene Wirkstoff war Pendimethalin. Ein weiteres Pflanzenschutzmittel wurde eindeutig identifiziert. Das vorliegende Mengenergebnis der Kontaminationsrate steht hierbei

dem Giftstoff Pendimethalin nichts nach. Hierbei handelt es sich um Dichlordiphenyltrichlorethan (DDT), das seit dem Jahr 1972 in Deutschland verboten ist. Ebenso das Spritzgift Glyphosat ließ sich in ausreichenden Mengen handfest belegen. Über Luftströmungen können ausgebrachte Pflanzenschutzmittel auf benachbarte Felder übergehen und somit auch auf abgegrenzte ökologische Äcker. Hinsichtlich der katastrophalen Problematik, nehmen Insekten, welche zum Teil stark vom Aussterben bedroht sind, diese Gifte ungeahnt auf, die bspw. über Bienen (Honig) schlussendlich in die Nahrungskette gelangen. Wie schon erwähnt, ergaben weiterführende Untersuchungen, dass eigens angelegte Gärten, welche selbst keine Spritzmittel verwendeten, mit heterogenen Giftkonzentrationen infiziert waren.

Daraus geht folgendes Resultat:
Die Vermeidung von Pflanzenschutzmittelrückständen ist laut Ökobarometer 2018 für Verbraucherinnen und Verbraucher der wichtigste Aspekt beim Kauf von Biolebensmitteln. Dass dies nicht zwangsweise bedeutet, BIO sei immer rückstandsfrei, gilt es mit gut aufbereiteten Verbraucherinformationen sachgerecht zu vermitteln. Im Vergleich dazu konnten ebenso jahrelange Studienergebnisse zeigen, dass konterminierte konventionelle Produkte bis zu 70% und Bioprodukte im Schnitt 25- bis maximal 30% Spritzgiftrückstände aufwiesen. In der Summe gesehen können trotz einiger leicht kontaminierte Lebensmittel

aus biologischer Herkunft dennoch nach sorgfältiger Reinigung mit gutem Gewissen und einem gesundheitsbewusstem Gefühl genossen werden.

Menschen leben heutzutage länger als jemals zuvor, dennoch ist ein gesundes Altern aufgrund des modernen Lebensstils und den damit assoziierten Erkrankungen beeinträchtigt. Risikofaktoren hierfür sind vor allem der Konsum von hochkalorischem Essen. Ein ständiges Überangebot an Zucker, Salz und industriel verarbeitete gesättigte Fettsäuren sind in der Bevölkerung stark verbreitet. In großen Mengen verzehrt, können sie auf Dauer zu gesundheitlichen Problemen führen, die sich erwiesenermaßen in weiterer Instanz zu ernsthaft chronisch metabolischen Erkrankungen entwickeln. Alleine in Deutschland gibt es derzeit 4 Millionen autoimmunerkrankte Menschen – Tendenz steigend. Es kann nicht ausgeschlossen werden, dass bedingt alle chronische Erkrankungen auf einen ungünstigen Lebensstil zurückzuführen sind. Dennoch deuten eine Vielzahl von renommierten Länderstudien daraufhin, in welchem verbindlich entscheidenden Zusammenhang chronisch inflammatorische Erkrankungen bezüglich des westlichen „Lifestyles“ haben. Hierbei spielt die Ernährungsweise-/verhalten mit begleitenden fehlerhaften Ernährungswissen eine ausschlaggebende Rolle.

Es ist möglich aus den Ergebnissen dieser Studien, optimale Verzehrmengen(sog. Theoretical minimum risk exposure level, kurz TMRELs) für einzelne

Lebensmittel bzw. Lebensmittelgruppen und bezogen auf einzelne Krankheiten abzuleiten. Laut der Ergebnisse der Modellrechnungen hat eine Steigerung der Verzehrmenge von Vollkornprodukten und von Nüssen das größte gesundheitsfördernde Potenzial. Die Schlussfolgerungen ergaben, dass zukünftige Public Health- Maßnahmen darauf hinwirken sollten, den Verzehr von Vollkornprodukte zu erhöhen. Dies deckt sich mit lebensmittelbezogenen Ernährungsempfehlungen der Deutschen Gesellschaft für Ernährung e. V. (DGE), bei Getreideprodukten die Vollkornvariante zu bevorzugen. Auch für den Verzehr von Nüssen, Fisch und Hülsenfrüchte konnte im Hinblick auf die Gesundheit positive Effekte beobachtet werden. Dazu erstellte die DGE einst aktuelle wissenschaftliche Erkenntnisse in Form von 10 Basisregeln, begleitet von der österreichischen Ernährungspyramide in 3D Optik. In Bezug darauf, fungieren die genannten „Regeln" sowie die bereits erwähnte Ernährungspyramide als erste verbrauchergerechte Instanz und bieten darüber hinaus attraktive Hilfestellungen für den Alltag, wodurch darauf bezugnehmend im Vorfeld ein Präventivschutz vor etwaige Erkrankungen ermöglicht wird. Obendrein gewährleistet ausgewogene gesunde Ernährung eine Schutzbarriere vor möglich entstehenden Mangelerscheinungen durch einseitige Ernährung. Im Bezug auf ganzheitliche Gesundheit, sind verschiedenartige Präventionsmaßnahmen wichtiger denn je, um langfristig der Entwicklung - der Lebensstil assoziierte chronischen Erkrankungen entgegen-zuwirken. Ausschließlich bei Kindern sollte frühzeitig auf eine gesundheitsfördernde Ernährung geachtet werden. Eine effektive Gesundheitserziehung sollte daher flächendeckend innerhalb sowie außerhalb der Familie umgesetzt werden.

„Gesundheit bedeutet Freiheit" – Ein Sachbuch, mit einer wissenschaftlichen Ausarbeitung darüber, welche für mich (wie bereits am Anfang erwähnt) nicht nur eine beliebige Themenfindung, sondern vielmehr als ein ausdruckstarkes Statement zu verstehen ist. Mit diesen dargelegten Informationen wurden erste elementare Präventivgrundlagen sowie Maßnahmen für eine ganzheitliche psychische sowie physische Gesundheit erstellt. Wenn es in der Folge dazu kommt, Gesundheit ungewollt gegen Krankheit zu substituieren, wird jedem schlagartig bewusst, welche essenzielle Tragweite ganzheitliche Gesundheit im Leben eines jeden darstellt. Die Voraussetzung für optimale Gesundheit mit geballtem Rundumschutz, geht unweigerlich mit einem multifaktoriell hochkomplexen System einher. Um ausgiebige Gesundheit, physische- wie auch psychische Freiheit dauerhaft zu erfahren, braucht es eine Reihe an Maßnahmen, welche präventiv mit einem elementaren Grundbaustein zusammenhängen. Der entscheidende Baustein in diesem System liegt in einer vollwertig ausgewogenen Ernährung. Im Bezug darauf, können einst fachlich erstellte Daten der DGE für ein ganzheitlich breit gefächertes Nährstoffkonto sorgen. Gesundheitswirksame Gartenkräuter zählen ebenso zu einer natürlich gesunden Ernährung dazu. Seit den Anfängen der Zivilisation verwendet der Mensch Pflanzen zu Heilzwecken. In Laufe der Zeit substituierte jedoch der Mensch das bis dato angelernte Wissen in Unwissenheit ein und vertraute Lebensmittelindustrien mit deren hochverarbeiteten Lebensmittelwaren. Das war der Anfang allen gesundheitlichen Übels. In den vergangenen Jahren stieg das Lebensmittelangebot. Immer öfter konnte jeder unbeschränkt, zeitlich frei verfügbar Essenseinkäufe erledigen. Aufgrund des wirtschaftlichen Wachstums wurde demzufolge auch mehr gearbeitet. Gleichermaßen wuchs der kontinuierlich anwachsende Zeitmangel – was wiederum das zubereiten und kochen erschwerte. Die Lösung des Problems lag im „Junk-Food". Jener Jahre langanhaltende Ernährungsmuster, begünstigte Zunehmens Fehlernährung und die daraus resultierenden Erkrankungen. Dies entwickelte sich zu einem ganzheitlich globalen Problem. In den letzten Jahrzehnten wuchs die Zahl der Zivilisationskrankheiten kontinuierlich an. Laut der WHO (Weltgesundheitsorganisation) leiden immer mehr Menschen an Autoimmunerkrankungen, welche sich durch physisch inflammatorische (entzündliche) Prozesse äußern. Inflammatorisch assoziierte Erkrankungen treten in Erscheinung, sobald sich das Immunsystem gegen den eigenen Körper richtet. Damit ist der Beginn für innerliche Kriegszustände eröffnet.

Das Immunsystem kann nicht mehr zwischen körpereigenen Zellen und Fremdstoffen wie Viren und Bakterien unterscheiden. Das hat zur Folge, dass Abwehrzellen die Haut, Knochen, Organe und/oder Nervenzellen angreifen. Neben Infektionen, allergischen Reaktionen, genetische Disposition und eine Vielzahl anderer Einflüsse, liegen die Gründe für stetig wachsende Entzündungserkrankungen im westlichen „Lifestyle“.
Um die bereits genannten Erkrankungen und darüber hinaus potenzielle Krankheitsbilder gar nicht erst ausbrechen zu lassen, bracht es bereits schon im Kindesalter verantwortungsvolle Multiplikatoren. Eltern stellen hierbei die einflussreichsten Multiplikatoren mit dem größten Verantwortungsbewusstsein dar. Gerade am Anfang des Lebens brauchen Kinder in jeglicher Hinsicht Halt und Stütze. Die eigene Familie prägt das allumfassende kindliche Verhalten maßgeblich, indem es die vorgelebten Verhaltensmuster der Eltern nachahmt. Mutter sowie Vater gleichermaßen sollten in der Ernährungskompetenz gute anfängliche Grundsteine für ihr(e) Kind(er) schaffen. Dazu ist es wichtig die Kinder von Anfang an mit viel Spaß und Einfallsreichtum an gesunde ausgewogene Ernährung heranzuführen. Darüber hinaus empfehle ich Familien sich zusätzlich fundierte mediale Plattformen ggf. persönliche Fachkompetenzen zu Rate zu ziehen, um die künftige Ernährungsweise positiv zu beeinflussen. Es gibt einen ausdruckstarken Satz einer jeden Mutter, den im Laufe

des Lebens schon jeder von uns in unterschiedlichster Weise gehört hat *„Ich möchte immer nur das Beste für dich“*. Fehlendes Ernährungswissen kann genauso erlernt werden wie alles andere im Leben auch. Um die Gesundheit des Kindes (gesamte Familie eingeschlossen) zukünftig nicht durch eine ungesunde Ernährungsweise dauerhaft zu gefährden, ist es als Elternteil ratsam, den bereits genannten Satz der Mutter genauer zu reflektieren, um sich so der dies fälligen Evidenz bewusst zu werden, welche zentrale Tragweite gute Ernährungskompetenz für die weiterhin vorangehende Gesundheit bedeutet.
Randomisiert erwähnt, können erste kleine Schritte einer natürlich, vollwertig abgestimmten Ernährung zu jeder Zeit mit eigenem Tempolimit umgesetzt und mit den daraus resultierenden, motivierenden Erfolge innerhalb der Familie gefeiert werden. Gegenseitige Motivation, Unterstützung sowie gemeinschaftliches kochen hilft hierbei den inneren Gewohnheitsschweinehund zu besiegen.

Im Vorfeld ist jeder einzelne für die eigene ganzheitliche Gesundheit verantwortlich. Wenn es erst einmal dazu kommt das kostbare Gesundheit verloren geht, liegt die tragische Konsequenz darin, dass damit fortan körperliche und/oder geistige Freiheitseinschränkungen den Alltag bestimmen.
Euch obliegt es nun, wie sich Jede(r) einzelne zukünftig mit den hier entworfenen angehäuften Informationen auseinandersetzt. Aus den im Buch aufgezeigten

Informationsquellen, sollte sich dennoch eins herauskristallisiert haben:
Gesundheit setzt sich ganz klar aus mehreren Faktoren zusammen, allerdings braucht es für diesen signifikanten Weg ein solides „Startpaket“ in unser aller Leben. Bei diesem „Paket“ handelt es sich um eine naturbelassene abgestimmte Ernährung. Gerade in den Anfängen unseres Lebens, sollte ein gesunder Lebensstil Frühs möglich erlernt und nach etwaigen Lebensverhältnissen umgesetzt werden. Wer allerdings nicht von Anfang an den Umgang mit gesunder Ernährung erfuhr, der kann zu jeder Zeit, selbst schon mit kleinsten gesunden Ernährungsveränderungen großes für die eigene Gesundheit bewirken. Diesbezüglich gibt sich ein Großteil der Menschen schwerfällig, wenn es um den ersten entscheidenden gesunden Ernährungsschritt geht. Jeder kann die persönliche Stellschraube „gesunde Ernährung“ so drehen, sodass es auf diese Weise leichter fällt den eigenen Rhythmus als auch den Wohlfühlcharakter langfristig positiv zu bestimmen. Letzten Endes braucht es für die Umsetzung, wie auch Gewohnheitsveränderung, den persönlich bezogenen eisernen Willen.

„Das Geheimnis des Könnens liegt im Wollen“ –
Giuseppe Mazzini

Gesundheit ist keine
Selbstverständlichkeit!
Sie gehört täglich - ein Leben lang
sorgsam gepflegt, um aus vollster
Lebenskraft von ihr profitieren zu
können.

14 Quellennachweis

Literatur

ENDERS, Giulia:
Darm mit Charme; Ullstein Verlag, 2018

Fachgesellschaft für Ernährungstherapie und Prävention e.V. (FET);
April (2019), Seite M 191

Dr. GUTMANN, Maike / Dr. VIRMANI, Kiran:
Vollwertige Ernährung nach den Empfehlungen der DGE ist auch ökologisch nachhaltig. Referat Fachmedien und Sektionskoordination der Deutschen Gesellschaft, Juni (2019), S. 85

SCHWINGSHACKL, Erich:
Ranking von Lebensmitteln nach ihrem möglichen Beitrag zur Gesundheitsförderung,
Ernährungsumschau, - Fachinformationen der Deutschen Gesellschaft für Ernährung e. V., September 2019

TEPPERWEIN, Kurt:
Goldmann Verlag; Gesundheit kann man essen, 2008

TEPPERWEIN, Kurt:
Goldmann Verlag, Jungbrunnen Entsäuerung, Mai 2001

Prof. Dr. KLOTTER, Habil / Dipl.oec. troph. TRAUTMANN, Wolfram:
Warum Ernährungspsychologie in der Ernährungsberatung gebraucht wird.
Ernährungs-Umschau 56, Oktober (2009), Seite 565

Internet

Dr. med. AWE, Mareike: Intuitives Essen – beim Essen auf den Körper hören. Online im Internet: URL: <https://eatsmarter.de/gesund-leben/intuitiv-essen>

Dr. med. AWE, Mareike: Was bedeutet intuitive Ernährung überhaupt. Online im Internet: URL: <https://www.krankenkassenzentrale.de/podcast/mareike-awe-intuitive-ernaehrung#>

Dipl.-Inf. AHMADI, Rojahn / Dipl.-Wirtsch.-Inf. FUTORJANSKI, Jakob: Essen für das Gehirn – was sie besser denken lässt. Online im Internet: URL: <http://www.neuronation.de/science/essen-für-das-gehirn-was-sie-besser-denken-lässt>
<*http://www.medscapemedizin.de/artikel/4900223#6*>

BUNDESMINESTERIUM FÜR ARBEIT, SOZIALES, GESUNDHEIT UND KONSUMENTENSCHUTZ (BMASGK): Warum wir essen müssen. Online im Internet: URL: <https://www.gesundheit.gv.at/leben/ernaehrung/info/warum-essen-wir

CZICHOS, Joachim: Gemüse für die Psyche. Online im Internet: URL: <https://www.wissenschaft-aktuell.de/artikel/Gemuese fuer die Psyche 1771015590678.html

CAPITONI, Gina: Gesunder Schlaf durch die richtige Ernährung. Online im Internet: URL:

<https://www.evidero.de/essen-fuer-schlaf>

DEUTSCHE GESELLSCHAFT FÜR ERNÄHRUNG e. V.: Lancet-Studie - Kohlenhydratanteil der Ernährung beeinflusst Lebenserwartung.
Online im Internet: URL:
<https://www.dge.de/nachrichten/detail/lancet-studie-kohlenhydratanteil-der-ernaehrung-beeinflusst-lebenserwartung/>

ERDRICH, Ken: Definition Gesundheit & Krankheit. Online im Internet: URL:

<http://www.*gesundheitsmanagement.kenline.de*>

FREITAG-ZIEGLER, Gabriela: Ernährungskompetenz von Anfang an. Online im Internet: URL:
<https://www.bzfe.de/inhalt/ernaehrungskompetenz-foerdern-1013.html>

GAHL, Antje / GRAUBNER, Stefan / KRÜGER Doreen: Fragen und Antworten zu den Referenzwerten. Online im Internet: URL:

<https://www.dge.de/wissenschaft/weitere-publikationen/faqs/referenzwerte/#c1543>

Dr. rer. med. JORDAN, Angela (Diplom-Oecotrophologin): Erkrankungen durch falsche Ernährung. Online im Internet: URL: <https://www.gesundheit.de/ernaehrung/gesund-essen/ernaehrung-und-lebensstil/erkrankungen-durch-falsche-ernaehrung>

Dr. LANGER, Martin et al.: Ungesunde Ernährung sorgt für Kosten in Milliardenhöhe. Online im Internet: URL: <https://www.ernaehrungs-umschau.de/news/16-09-2015-ungesunde-ernaehrung-sorgt-fuer-kosten-in-milliardenhoehe/>

LEITNER, Michael: Intuitives Essen – Gut für die Psyche. Online im Internet: URL: <https://www.gesund.at/ernaehrung/intuitive-ernaehrung/>

NEGRU, Liuba (Country Media Support Officer): Die europäische Prospektivstudie Krebs und Ernährung (EPIC). Online im Internet: URL: <http://www.euro.who.int/de/health-topics/noncommunicable-diseases/cancer/news>

PARACELSUS: die Heilpraktikerschulen. Online im Internet: URL: <https://www.paracelsus.de/heilv/ganzheitliche.asp>

REDAKTION BUNDESANSTALT FÜR LANDWIRTSCHAFT UND ERNÄHRUNG (BLE): Ubiquitäre Belastung mit Pflanzenschutzmitteln. Online im Internet: URL: <https://www.oekolandbau.de/verarbeitung/produktion/qualitaetssicherung/rueckstaende/ubiquitaere-belastung-mit-pflanzenschutzmitteln/>

REIDT, Lutz: Woran es auf Biohöfen krankt. Online im Internet: URL: <https://www.deutschlandfunk.de/artgerechte-tierhaltung-woran-es-auf-bio-hoefen-krankt.724.de.html?dram:article_id=437594>

RAMPLER, Helmut/ Dr.med. KOKOSCHINEGG, Margarita/ Dr.med SCHENZER, Margit:
Eure Nahrungsmittel sollen eure Heilmittel sein. Online im Internet: URL:
<http://www.pro-natura.info/index.php/hippokrates-br-sub-eure-lebensmittel-sollen-eure-heilmittel-sein>

REDAKTION - CENTER FOR INTUITIVE EATING INTUEAT: 10 Principles of Intuitive Eating. Online im Internet: URL: <https://www.intuitiveeating.org/10-principles-of-intuitive-eating/>

REDAKTION - BAYERISCHES STAATSMINESTERIUM FÜR ERNÄHRUNG, LANDWIRTSCHAFT UND FORSTEN: Ernährungsbildung. Online im Internet: URL:
<https://www.ale9-unterfranken.bayern.de/cms01/ernaehrung/bildung/001179/index.php>

REDAKTION DES BUNDESZENTRUMS FÜR ERNÄHRUNG (BZFE): Ernährungspyramide – Wie groß ist eine Portion? Online im Internet: URL: <https://www.bzfe.de/inhalt/wie-gross-ist-eine-portion-985.html>

SCHUBERT, Simon: Definition Gesundheit – Die Basis für alles?. Online im Internet: URL: <https://perspektivegesundheit.de/blog/was-ist-gesundheit-definition/>

SEIDELMANN, Sara B./ CLAGGET, Brain / CHENG, Susan et al.: Kohlenhydrataufnahme und Mortalität in der Nahrung. Online im Internet: URL: <https://www.thelancet.com/journals/lanpub/article/PIIS2468-2667(18)30135-X/fulltext>

SANDNER, Matthias: Gesundheit und Krankheit. Online im Internet: URL: <https://www.gesundheit.de/ernaehrung/krankheit-und-ernaehrung>

SCHAAKE, Monika / KOLBITSCH, Uta / HILLER, Nadja: Die besten Tipps für einen gesunden Darm. Online im Internet: URL: <https://www.in-form.de/wissen/darm-gesundheit/>

Dr. ULM, Christina: Darmgesundheit. Online im Internet: URL: <https://www.pascoe.de/anwendungsbereiche/magen-darm-verdauung/darmgesundheit.html>

WEHDE, Gerald: Tierwohllabel muss verbessert und verpflichtend werden. Online im Internet: URL: <https://www.bioland.de/presse/presse-detail/article/kloeckners-label-bringt-kein-tierwohl.html>

WIKIPEDIA: Definition Gesundheit. Online im Internet: URL: <https://de.wikipedia.org/wiki/Gesundheit#Literatur>

Zeitfracht Medien GmbH
Ferdinand-Jühlke-Straße 7
99095 Erfurt, Deutschland
produktsicherheit@kolibri360.de

Zeitfracht Medien GmbH
Ferdinand-Jühlke-Straße 7
99095 Erfurt, Deutschland
produktsicherheit@kolibri360.de